Tortat e Mia 2023
Receta Tradicionale dhe Krijuese nga Kuzhina Ime

Luljeta Xhaka

tabela e përmbajtjes

Biskota me tërshërë integrale 11

Biskota portokalli 12

Biskota me portokall dhe limon 13

Biskota me portokall dhe arra 14

Biskota me çokollatë portokalli 15

Biskota portokalli me erëza 16

Biskota me gjalpë kikiriku 17

Rrotullime me gjalpë kikiriku dhe çokollatë 18

Biskota me tërshërë me gjalpë kikiriku 19

Biskota me gjalpë kikiriku me mjaltë kokosi 20

Biskota me arra me arra 21

Biskota me rrota 22

Biskota të shpejta me dhallë 23

biskota me rrush të thatë 24

Biskota të buta me rrush të thatë 25

Feta rrush të thatë dhe melasa 26

Biskota Rataffia 27

Biskota orizi dhe muesli 28

Kremrat rome 29

biskota me rërë 30

biskota me krem kosi 31

Biskota me sheqer kafe 32

Biskota me sheqer dhe arrëmyshk 33

Bukë e shkurtër	34
Torta e Krishtlindjes	35
bukë e shkurtër me mjaltë	36
Tortë me limon	37
Bukë e shkurtër e mishit të grirë	38
kek me arra	39
petë portokalli	40
Bukë e shkurtër për njeriun e pasur	41
Biskota me tërshërë me kokërr të plotë	43
bajame rrotullohet	44
Tortë me çokollatë me beze	45
njerëz biskota	46
Tortë me kek me xhenxhefil me akull	47
Biskota Shrewsbury	48
Biskota me erëza spanjolle	49
biskota me erëza të modës së vjetër	50
biskota melase	51
Biskota me kajsi dhe arra	52
Biskota melasë dhe dhallë	53
Biskota melase dhe kafeje	54
Melasa dhe biskota me hurma	55
Biskota melase dhe kek me xhenxhefil	56
Biskota me vanilje	57
Biskota me arra	58
biskota krokante	59
biskota me djathë çedër	60
Crackers djathi blu	61

Krekera me djathë dhe susam ... 62

Shkopinj djathi ... 63

Krekera me djathë dhe domate ... 64

Kafshimet e djathit të dhisë ... 65

Rolls proshutë dhe mustardë ... 66

Biskota me proshutë dhe piper ... 67

Biskota të thjeshta barishtore ... 68

biskota indiane ... 69

Lajthia dhe Shallot Break ... 70

Biskota me salmon dhe kopër ... 71

Biskota me sode ... 72

Grirëse domate dhe parmixhan ... 73

Biskota me domate dhe barishte ... 74

Bukë e bardhë bazë ... 75

bagels ... 76

Baps ... 77

bukë kremoze elbi ... 78

bukë birre ... 79

bukë kafe boston ... 80

tenxhere me krunde ... 81

rrotullat e gjalpit ... 82

bukë dhallë ... 83

bukë misri kanadez ... 84

rrotulla kornish ... 85

Bukë e sheshtë fshati ... 86

Gërsheti i farës së lulekuqes ... 87

Buka integrale e vendit ... 89

gërshetat me kerri 90

devoni ndahet 92

Bukë me embrion gruri me fruta 93

Gërshetat e qumështit me fruta 94

bukë hambare 96

rrotullat e hambarit 97

Bukë hambari me lajthi 98

Grissini 99

bishtalec kulture 100

bukë qumështi 102

bukë frutash me qumësht 103

bukë lavdi e mëngjesit 104

bukë kifle 105

bukë pa maja 106

Brumë pica 107

tërshërë në kalli 108

bollgur farl 109

bukë pita 110

Bukë e shpejtë me grurë të plotë 111

Bukë e lagur orizi 112

Bukë me oriz dhe bajame 113

biskota krokante 114

bukë thekre bavareze 115

bukë thekre e lehtë 117

Bukë thekre me embrion gruri 118

bukë samoane 119

baps susami 120

fillim i brumit të thartë 121

bukë sode 122

bukë me thartirë 123

simite me brumë kosi 124

bukë e Vjenës 125

Bukë integrale 126

Bukë me mjaltë integrale 127

Rrotulla të shpejta me grurë të plotë 128

Bukë integrale me arra 129

bishtalec bajamesh 130

brioqe 132

brioshe me gërsheta 133

briosh me mollë 135

Tofu dhe briosh me arra 137

simite chelsea 139

simite kafeje 141

Bukë Creme Fraîche 142

Kroasanët 143

Kroasantë Sulltaneshë me grurë të plotë 145

raunde pyjore 147

përdredhje arre 148

simite portokalli 150

dhimbje çokollatë 152

pandolce 154

Panetone 156

Bukë me mollë dhe hurma 158

Bukë me mollë dhe sulltaneshë 159

Surpriza me mollë dhe kanellë	161
Bukë çaji me kajsi	163
Bukë me kajsi dhe portokall	164
Bukë me kajsi dhe arra	165
kurorë vjeshte	166
Bukë banane	168
Bukë banane me grurë të plotë	169
Bukë me banane dhe arra	170
Bukë me qershi dhe mjaltë	171
Rrotulla me arrëmyshk me kanellë	172
bukë me boronica	174
Bukë me hurma dhe gjalpë	175
Bukë hurme dhe banane	177
Bukë me hurma dhe portokalli	178
Bukë me hurma dhe arra	179
bukë çaji hurme	180
Bukë me hurma dhe arra	181
bukë fiku	182
Bukë fiku dhe marsala	183
Rrotulla me fiku dhe mjaltë	184
simite kryq te nxehte	186
Bukë kumbulle Lincolnshire	188
Scoons Londër	189
bukë irlandeze e vendit	191
bukë malti	192
bukë me krunde malti	193
Bukë e plotë e maltit	194

Buka e arrës së Fredës 195

Bukë me arra braziliane dhe hurma 197

Bukë frutash Panastan 199

bukë kungulli 201

Bukë me rrush të thatë 202

thith rrush të thatë 203

Bukë me raven dhe hurma 204

bukë orizi 205

Çaj nga Buka e Orizit dhe Arra 206

Rrotulla sheqeri kaçurrelë 208

Selkirk Bannock 210

Bukë sulltaneshë dhe karobë 211

Sulltaneshë dhe bukë portokalli 212

Bukë sulltaneshë dhe jerez 214

bukë çaji vilë 215

ëmbëlsira çaji 217

bukë me arra 218

Bukë me arra dhe sheqer 219

Biskota me tërshërë integrale

Bën 24

100 g / 4 oz / ½ filxhan gjalpë ose margarinë

200 g / 7 oz / 1¾ filxhan tërshërë

75 g / 3 oz / ¾ filxhan miell gruri të plotë (gruri i plotë)

50 g / 2 oz / ½ filxhan miell të thjeshtë (të gjitha qëllimet)

5 ml / 1 lugë çaji pluhur pjekjeje

50 g / 2 oz / ¼ filxhan sheqer demerara

1 vezë e rrahur lehtë

30 ml / 2 lugë qumësht

Fërkoni gjalpin ose margarinën në tërshërë, miell dhe pluhur pjekjeje derisa përzierja të ngjajë me thërrimet e bukës. Shtoni sheqerin, më pas përzieni vezën dhe qumështin së bashku për të bërë një brumë të fortë. Hapeni brumin në një sipërfaqe të lyer lehtë me miell në rreth 1 cm / ½ inç. trashë dhe prerë në feta me një prestar 5 cm / 2 in. Vendosini biskotat (biskotat) në një tepsi të lyer me yndyrë (për biskota) dhe piqini në një furrë të nxehur më parë në 190°C / 375°F / pikë gazi 5 për rreth 15 minuta derisa të marrin ngjyrë kafe të artë.

Biskota portokalli

Bën 24

100 g / 4 oz / ½ filxhan gjalpë ose margarinë, i zbutur

50 g / 2 oz / ¼ filxhan sheqer pluhur (shumë i imët)

lëkura e grirë e 1 portokalli

150 g / 5 oz / 1¼ filxhan miell që rritet vetë (maja)

Lyejeni gjalpin ose margarinën dhe sheqerin derisa të jenë të lehta dhe me gëzof. Punoni në lëkurën e portokallit, më pas përzieni me miellin për të bërë një përzierje të fortë. Formoni toptha të mëdhenj në madhësinë e arrës dhe vendosini mirë në një tepsi të lyer me yndyrë (për biskota), më pas shtypini lehtë me pirun që të rrafshohen. Piqni biskotat (biskotat) në një furrë të parangrohur në 180°C/350°F/gaz 4 për 15 minuta derisa të marrin ngjyrë kafe të artë.

Biskota me portokall dhe limon

30 më parë

50 g / 2 oz / ¼ filxhan gjalpë ose margarinë, të zbutur

75 g / 3 oz / 1/3 filxhan sheqer pluhur (super fine).

1 e verdhe veze

Lëkura e grirë e ½ portokalli

15 ml / 1 lugë gjelle lëng limoni

150 g / 5 oz / 1¼ filxhan miell të thjeshtë (të gjitha qëllimet)

2,5 ml / ½ lugë çaji pluhur pjekjeje

një majë kripë

Lyejeni gjalpin ose margarinën dhe sheqerin derisa të jenë të lehta dhe me gëzof. Përzieni gradualisht të verdhën e vezës, lëkurën e portokallit dhe lëngun e limonit, më pas shtoni miellin, pluhurin për pjekje dhe kripën për të bërë një brumë të fortë. Mbështilleni me film ushqimor (mbështjellës plastik) dhe ftohuni për 30 minuta.

Hapeni në një sipërfaqe të lyer lehtë me miell në një trashësi prej rreth 5 mm / ¼ inç dhe priteni në forma me një prestar për biskota. Vendosini biskotat në një tepsi të lyer me yndyrë (për biskota) dhe piqini në furrë të parangrohur në 190°C / 375°F / shenjën e gazit 5 për 10 minuta.

Biskota me portokall dhe arra

Bën 16

100 g / 4 oz / ½ filxhan gjalpë ose margarinë

75 g / 3 oz / 1/3 filxhan sheqer pluhur (super fine).

Lëkura e grirë e ½ portokalli

150 g / 5 oz / 1¼ filxhan miell që rritet vetë (maja)

50 g / 2 oz / ½ filxhan arra, të bluara

Rrihni gjalpin ose margarinën me 50 g / 2 oz / ¼ filxhan sheqer dhe lëkurën e portokallit derisa të bëhet e butë dhe kremoze. Shtojmë miellin dhe arrat dhe i rrahim sërish derisa masa të fillojë të bashkohet. Formoni toptha dhe rrafshoni në një tepsi të lyer me yndyrë (për biskotat). Piqini biskotat (biskotat) në një furrë të parangrohur në 190°C/375°F/gaz 5 për 10 minuta derisa skajet të marrin ngjyrë kafe të artë. Spërkateni me sheqerin e rezervuar dhe lëreni të ftohet pak përpara se ta transferoni në një raft ftohjeje.

Biskota me çokollatë portokalli

30 më parë

50 g / 2 oz / ¼ filxhan gjalpë ose margarinë, të zbutur

75 g / 3 oz / 1/3 filxhan sallo (shkurtim perimesh)

175 g / 6 oz / ¾ filxhan sheqer kafe të butë

100 g / 7 oz / 1¾ filxhan miell gruri integral (gruri integral)

75 g / 3 oz / ¾ filxhan bajame të bluara

10 ml / 2 lugë çaji pluhur pjekjeje

75 g / 3 oz / ¾ filxhan pika çokollate

lëkura e grirë e 2 portokalleve

15 ml / 1 lugë gjelle lëng portokalli

1 vezë

Sheqer pluhur (shumë i imët) për pluhurosje

Krem gjalpin ose margarinën, sallin dhe sheqerin kaf deri sa të zbehet dhe të bëhet me gëzof. Shtoni përbërësit e mbetur përveç sheqerit pluhur dhe përziejini që të formohet një brumë. Hapeni në një sipërfaqe të lyer me miell me trashësi 5 mm / ¼ dhe priteni në biskota me një prerës për biskota. Vendoseni në një tepsi të lyer me yndyrë (për biskota) dhe piqini në një furrë të parangrohur në 180°C / 350°F / pikë gazi 4 për 20 minuta derisa të marrin ngjyrë kafe të artë.

Biskota portokalli me erëza

10 më parë

225 g / 8 oz / 2 gota miell të thjeshtë (të gjitha qëllimet)

2,5 ml / ½ lugë çaji kanellë të bluar

Një copë erëz të përzier (byrek me mollë)

75 g / 3 oz / 1/3 filxhan sheqer pluhur (super fine).

150 g / 5 oz / 2/3 filxhan gjalpë ose margarinë, të zbutur

2 te verdha veze

lëkura e grirë e 1 portokalli

75 g / 3 oz / ¾ filxhan çokollatë të thjeshtë (gjysmë të ëmbël)

Përzieni miellin dhe erëzat, më pas shtoni sheqerin. Kremoni gjalpin ose margarinën, të verdhat e vezëve dhe lëkurën e portokallit dhe përziejini derisa të jenë të lëmuara. Mbështilleni me plastikë të pastër dhe lëreni të ftohet për 1 orë.

Vendoseni brumin në një qese tubacioni të pajisur me një hundë të madhe ylli (majë) dhe tuba në një fletë pjekjeje të lyer me yndyrë (cookie). E pjekim në furrë të parangrohur në 190°C/375°F/gaz 5 për 10 minuta derisa të marrin ngjyrë kafe të artë. Lëreni të ftohet.

Shkrini çokollatën në një enë rezistente ndaj nxehtësisë të vendosur mbi një tenxhere me ujë të zier. Zhytni skajet e biskotave në çokollatën e shkrirë dhe lëreni në një fletë letre pergamene derisa të ngurtësohet.

Biskota me gjalpë kikiriku

18 më parë

100 g / 4 oz / ½ filxhan gjalpë ose margarinë, i zbutur

100 g / 4 oz / ½ filxhan sheqer pluhur (shumë i imët)

100 g / 4 oz / ½ filxhan gjalpë kikiriku krokant ose të butë

60 ml / 4 lugë shurup i artë (misër i lehtë)

15 ml / 1 lugë qumësht

175 g / 6 oz / 1½ filxhan miell të thjeshtë (të gjitha qëllimet)

2,5 ml / ½ lugë çaji sodë buke (sode buke)

Lyejeni gjalpin ose margarinën dhe sheqerin derisa të jenë të lehta dhe me gëzof. Përzieni me gjalpin e kikirikut, më pas shurupin dhe qumështin. Përzieni miellin dhe sodën e bukës dhe përzieni në masë, më pas gatuajeni derisa të jetë homogjene. Formoni në një trung dhe ftohni derisa të forcohet.

Pritini në feta ¼/5 mm të trasha dhe vendosini në një tepsi të lyer me pak yndyrë (biskotë). Piqni biskotat (biskotat) në një furrë të parangrohur në 180°C/350°F/gaz 4 për 12 minuta derisa të marrin ngjyrë kafe të artë.

Rrotullime me gjalpë kikiriku dhe çokollatë

Bën 24

50 g / 2 oz / ¼ filxhan gjalpë ose margarinë, të zbutur

50 g / 2 oz / ¼ filxhan sheqer kafe të butë

50 g / 2 oz / ¼ filxhan sheqer pluhur (shumë i imët)

50 g / 2 oz / ¼ filxhan gjalpë kikiriku të butë

1 e verdhe veze

75 g / 3 oz / ¾ filxhan miell të thjeshtë (të gjitha qëllimet)

2,5 ml / ½ lugë çaji sodë buke (sode buke)

50 g / 2 oz / ½ filxhan çokollatë e thjeshtë (gjysmë e ëmbël)

Lyejeni gjalpin ose margarinën dhe sheqernat derisa të jenë të lehta dhe me gëzof. Përzieni gradualisht gjalpin e kikirikut dhe më pas të verdhën e vezës. Përzieni miellin dhe sodën e bukës dhe rrihni në masë për të bërë një brumë të fortë. Ndërkohë shkrini çokollatën në një enë rezistente ndaj nxehtësisë të vendosur mbi një tenxhere me ujë të zier. Hapeni brumin në përmasa 30 x 46 cm / 12 x 18 inç dhe përhapeni me çokollatën e shkrirë pothuajse deri në skajet. Rrotulloni anën e gjatë, mbështilleni me film ushqimor (mbështjellës plastik) dhe ftohni derisa të forcohet.

Pritini rolenë në feta ¼/5 mm dhe vendoseni në një fletë pjekjeje të palyer (biskotë). E pjekim në furrë të parangrohur në 180°C/350°F/gaz 4 për 10 minuta derisa të marrin ngjyrë të artë.

Biskota me tërshërë me gjalpë kikiriku

Bën 24

75 g / 3 oz / 1/3 filxhan gjalpë ose margarinë, të zbutur

75 g / 3 oz / 1/3 filxhan gjalpë kikiriku

150 g / 5 oz / 2/3 filxhan sheqer kafe të butë

1 vezë

50 g / 2 oz / ½ filxhan miell të thjeshtë (të gjitha qëllimet)

2,5 ml / ½ lugë çaji pluhur pjekjeje

një majë kripë

Disa pika esencë vanilje (ekstrakt)

75 g / 3 oz / ¾ filxhan tërshërë të mbështjellë

40 g / 1½ oz / 1/3 filxhan patate të skuqura çokollate

Rrihni gjalpin ose margarinën, gjalpin e kikirikut dhe sheqerin derisa të zbuten dhe të bëhen me gëzof. Shtoni gradualisht vezën. Shtoni miellin, pluhurin për pjekje dhe kripën. Shtoni esencën e vaniljes, tërshërën dhe copëzat e çokollatës. Hidhni lugë gjelle në një tepsi të lyer me yndyrë (për biskota) dhe piqini biskotat (biskotat) në një furrë të parangrohur në 180°C/350°F/gaz 4 për 15 minuta.

Biskota me gjalpë kikiriku me mjaltë kokosi

Bën 24

120 ml / 4 ml oz / ½ filxhan vaj

175 g / 6 oz / ½ filxhan mjaltë të lehtë

175 g / 6 oz / ¾ filxhan gjalpë kikiriku krokant

1 vezë e rrahur

100 g / 4 oz / 1 filxhan tërshërë të mbështjellë

225 g / 8 oz / 2 gota miell gruri integral (gruri integral)

50 g / 2 oz / ½ filxhan kokos të tharë (i copëtuar)

Përzieni vajin, mjaltin, gjalpin e kikirikut dhe vezën, më pas shtoni përbërësit e mbetur. Hidhni lugë gjelle në një tepsi të lyer me yndyrë (për biskota) dhe rrafshoni lehtë në trashësi rreth ¼/6 mm. Piqni biskotat (biskotat) në një furrë të parangrohur në 180°C/350°F/gaz 4 për 12 minuta derisa të marrin ngjyrë kafe të artë.

Biskota me arra me arra

Bën 24

100 g / 4 oz / ½ filxhan gjalpë ose margarinë, i zbutur

45 ml / 3 lugë sheqer kafe të butë

100 g / 4 oz / 1 filxhan miell i thjeshtë (të gjitha qëllimet)

një majë kripë

5 ml / 1 lugë çaji esencë vanilje (ekstrakt)

100 g / 4 oz / 1 filxhan pekan, të grira imët

Sheqer pluhur (e ëmbëlsirave), i situr, për pluhurosje

Lyejeni gjalpin ose margarinën dhe sheqerin derisa të jenë të lehta dhe me gëzof. Shtoni gradualisht përbërësit e mbetur, përveç sheqerit pluhur. Formoni topa 3 cm / 1½ inç dhe vendosini në një tepsi të lyer me yndyrë (për biskota). Piqni biskotat (biskotat) në një furrë të parangrohur në 160°C/325°F/gaz 3 për 15 minuta derisa të marrin ngjyrë kafe të artë. Shërbejeni të spërkatur me sheqer pluhur.

Biskota me rrota

Bën 24

175 g / 6 oz / 1½ filxhan miell të thjeshtë (të gjitha qëllimet)

5 ml / 1 lugë çaji pluhur pjekjeje

një majë kripë

75 g / 3 oz / 1/3 filxhan gjalpë ose margarinë

75 g / 3 oz / 1/3 filxhan sheqer pluhur (super fine).

Disa pika esencë vanilje (ekstrakt)

20 ml / 4 lugë çaji ujë

10 ml / 2 lugë çaji pluhur kakao (çokollatë pa sheqer)

Përziejini së bashku miellin, pluhurin për pjekje dhe kripën, më pas lyeni me gjalpë ose margarinë derisa masa të ngjajë me thërrimet e bukës. Shtoni sheqerin. Shtoni esencën e vaniljes dhe ujin dhe përzieni derisa të përftoni një brumë të butë. Formojeni në një top dhe më pas priteni në gjysmë. Shtoni kakaon në gjysmën e brumit. Hapeni secilën pjesë të brumit në një drejtkëndësh 25 x 18 cm / 10 x 7 dhe vendoseni njërën mbi tjetrën. Rrotulloni butësisht në mënyrë që të ngjiten së bashku. Rrotulloni brumin në anën e gjatë dhe shtypeni butësisht. Mbështilleni me film ushqimor (mbështjellës plastik) dhe ftohuni për rreth 30 minuta.

I presim në feta 2,5 cm të trasha dhe i vendosim të ndara mirë në një tepsi të lyer me yndyrë (për biskota). Piqni biskotat (biskotat) në një furrë të parangrohur në 180°C/350°F/gaz 4 për 15 minuta derisa të marrin ngjyrë kafe të artë.

Biskota të shpejta me dhallë

12 më parë

75 g / 3 oz / 1/3 filxhan gjalpë ose margarinë

225 g / 8 oz / 2 gota miell të thjeshtë (të gjitha qëllimet)

15 ml / 1 lugë gjelle pluhur pjekjeje

2.5 ml / ½ lugë kripë

175 ml / 6 ml oz / ¾ filxhan dhallë

Sheqer pluhur (embëlsira), i situr, për pluhurosje (sipas dëshirës)

Fërkoni gjalpin ose margarinën në miell, pluhur për pjekje dhe kripë derisa përzierja të ngjajë me thërrimet e bukës. Shtoni gradualisht dhallën për të bërë një brumë të butë. Hapeni përzierjen në një sipërfaqe të lyer lehtë me miell në trashësi rreth 2 cm / ¾ dhe priteni në feta me një prerës për biskota. Vendosini biskotat në një tepsi të lyer me yndyrë (për biskota) dhe piqini në një furrë të parangrohur në 230°C / 450°F / pikë gazi 8 për 10 minuta derisa të marrin ngjyrë kafe të artë. E pudrosim me sheqer pluhur sipas dëshirës.

biskota me rrush të thatë

Bën 24

100 g / 4 oz / ½ filxhan gjalpë ose margarinë, i zbutur

50 g / 2 oz / ¼ filxhan sheqer pluhur (shumë i imët)

lëkura e grirë e 1 limoni

50 g / 2 oz / 1/3 filxhan rrush të thatë

150 g / 5 oz / 1¼ filxhan miell që rritet vetë (maja)

Lyejeni gjalpin ose margarinën dhe sheqerin derisa të jenë të lehta dhe me gëzof. Punoni në lëkurën e limonit, më pas përzieni rrushin e thatë dhe miellin për të bërë një përzierje të fortë. Formoni toptha të mëdhenj në madhësinë e arrës dhe vendosini mirë në një tepsi të lyer me yndyrë (për biskota), më pas shtypini lehtë me pirun që të rrafshohen. Piqni biskotat (biskotat) në një furrë të parangrohur në 180°C/350°F/gaz 4 për 15 minuta derisa të marrin ngjyrë kafe të artë.

Biskota të buta me rrush të thatë

Bën 36

100 g / 4 oz / 2/3 filxhan rrush të thatë

90 ml / 6 lugë ujë të vluar

50 g / 2 oz / ¼ filxhan gjalpë ose margarinë, të zbutur

175 g / 6 oz / ¾ filxhan sheqer pluhur (shumë i imët)

1 vezë e rrahur lehtë

2,5 ml / ½ lugë çaji esencë vanilje (ekstrakt)

175 g / 6 oz / 1½ filxhan miell të thjeshtë (të gjitha qëllimet)

2,5 ml / ½ lugë çaji pluhur pjekjeje

1,5 ml / ¼ lugë çaji sodë buke (sode buke)

2.5 ml / ½ lugë kripë

2,5 ml / ½ lugë çaji kanellë të bluar

Një majë arrëmyshk të grirë

50 g / 2 oz / ½ filxhan arra të përziera të copëtuara

Hidhni rrushin e thatë dhe ujin e vluar në një tenxhere, lërini të vlojnë, mbulojeni dhe ziejini për 3 minuta. Lëreni të ftohet. Lyejeni gjalpin ose margarinën dhe sheqerin derisa të jenë të lehta dhe me gëzof. Shtoni gradualisht thelbin e vezës dhe vaniljes. Hidhni miellin, pluhurin për pjekje, sodën e bukës, kripën dhe erëzat në mënyrë alternative me rrushin e thatë dhe lëngun e njomjes. Shtoni arrat dhe përziejini derisa të jenë homogjene. Mbështilleni me film ushqimor (mbështjellës plastik) dhe ftohuni për të paktën 1 orë.

Hidhni lugë gjelle brumë në një tepsi të lyer me yndyrë (për biskota) dhe piqini biskotat (biskotat) në një furrë të parangrohur në 180°C/350°F/gaz shenjën 4 për 10 minuta derisa të marrin ngjyrë kafe të artë.

Feta rrush të thatë dhe melasa

Bën 24

25 g / 1 oz / 2 lugë gjalpë ose margarinë, të zbutur

100 g / 4 oz / ½ filxhan sheqer pluhur (shumë i imët)

1 e verdhe veze

30 ml / 2 lugë gjelle melasë e zezë (melasë)

75 g / 3 oz / ½ filxhan rrush pa fara

150 g / 5 oz / 1¼ filxhan miell të thjeshtë (të gjitha qëllimet)

5 ml / 1 lugë çaji sodë buke (sode buke)

5 ml / 1 lugë çaji kanellë të bluar

një majë kripë

30 ml / 2 lugë kafe e zezë e ftohtë

Lyejeni gjalpin ose margarinën dhe sheqerin derisa të jenë të lehta dhe me gëzof. Shtoni gradualisht të verdhën e vezës dhe melasën, më pas shtoni rrush pa fara. Përziejmë miellin, sodën, kanellën dhe kripën dhe e përziejmë në masën me kafenë. Mbuloni dhe ftohni përzierjen.

Shtrijeni për të formuar një katror 30 cm dhe më pas rrotullojeni në një trung. Vendoseni në një tepsi të lyer me yndyrë (biskotë) dhe piqini në një furrë të parangrohur në 180°C/350°F/gaz shenjë 4 për 15 minuta derisa të jetë e fortë në prekje. Pritini në feta dhe lëreni të ftohet në një raft teli.

Biskota Rataffia

Bën 16

100 g / 4 oz / ½ filxhan sheqer të grimcuar

50 g / 2 oz / ¼ filxhan bajame të bluara

15 ml / 1 lugë gjelle oriz i bluar

1 e bardhe veze

25 g / 1 oz / ¼ filxhan bajame të grira (të prera)

Përzieni sheqerin, bajamet e bluara dhe orizin e bluar. Rrahim të bardhën e vezës dhe vazhdojmë rrahjen për 2 minuta. Vendosni biskotat (biskotat) në madhësinë e arrës në një fletë pjekjeje të veshur me letër orizi, të pajisur me një grykë të vetme ¼ inç/5 mm. Mbi çdo biskotë vendosni një bajame të grirë. E pjekim në furrë të parangrohur në 190°C/375°F/gaz 5 për 15 minuta derisa të marrin ngjyrë kafe të artë.

Biskota orizi dhe muesli

Bën 24

75 g / 3 oz / ¼ filxhan oriz kafe të gatuar

50 g / 2 oz / ½ filxhan muesli

75 g / 3 oz / ¾ filxhan miell gruri të plotë (gruri i plotë)

2.5 ml / ½ lugë kripë

2,5 ml / ½ lugë çaji sodë buke (sode buke)

5 ml / 1 lugë erëza të bluara të përziera (byrek me mollë)

30 ml / 2 lugë mjaltë të lehtë

75 g / 3 oz / 1/3 filxhan gjalpë ose margarinë, të zbutur

Përzieni orizin, mueslin, miellin, kripën, sodën e bukës dhe përzierjen e erëzave. Rrihni mjaltin dhe gjalpin ose margarinën derisa të jenë të lëmuara. Rrihni me përzierjen e orizit. Formoni përzierjen në toptha me madhësi arre dhe vendoseni të ndarë mirë në fletët e biskotave të lyera me yndyrë. Rrafshoni pak, më pas piqini në furrë të parangrohur në 190°C/375°F/gaz 5 për 15 minuta ose derisa të marrin ngjyrë kafe të artë. Lëreni të ftohet për 10 minuta, më pas transferojeni në një raft teli për të përfunduar ftohjen. Ruani në një enë hermetike.

Kremrat rome

10 më parë

25 g / 1 oz / 2 lugë sallo (shkurtim perimesh)

25 g / 1 oz / 2 lugë gjalpë ose margarinë, të zbutur

50 g / 2 oz / ¼ filxhan sheqer kafe të butë

2,5 ml / ½ lugë çaji shurup ari (misër i lehtë)

50 g / 2 oz / ½ filxhan miell të thjeshtë (të gjitha qëllimet)

një majë kripë

25 g / 1 oz / ¼ filxhan tërshërë të mbështjellë

2.5 ml / ½ lugë erëza të bluara të përziera (byrek me mollë)

2,5 ml / ½ lugë çaji sodë buke (sode buke)

10 ml / 2 lugë çaji ujë të vluar

krem me gjalpë

Rrihni yndyrën, gjalpin ose margarinën dhe sheqerin derisa të zbuten dhe të bëhen me gëzof. Përzieni shurupin, më pas shtoni miellin, kripën, tërshërën dhe përzierjen e erëzave dhe përzieni derisa të përzihet mirë. Shpërndani sodën e bukës në ujë dhe përzieni për të bërë një brumë të fortë. Formoni 20 topa me madhësi të barabarta dhe vendosini të ndarë mirë në tepsi të lyer me yndyrë (cookie). Rrafshoni pak me pëllëmbën e dorës. E pjekim në furrë të parangrohur në 160°C/325°F/gaz 3 për 15 minuta. Lëreni të ftohet në tepsi. Kur të ftohen, çiftëzoni biskotat së bashku me kremin e kremit të kremës (frosting).

biskota me rërë

48 më parë

100 g / 4 oz / ½ filxhan gjalpë të fortë ose margarinë, të zbutur

225 g / 8 oz / 1 filxhan sheqer kafe të butë

1 vezë e rrahur lehtë

225 g / 8 oz / 2 gota miell të thjeshtë (të gjitha qëllimet)

E bardha e vezës për të glazurë

30 ml / 2 lugë kikirikë të grimcuar

Lyejeni gjalpin ose margarinën dhe sheqerin derisa të jenë të lehta dhe me gëzof. Rrihni vezën dhe më pas përzieni me miellin. Hapeni shumë hollë në një sipërfaqe të lyer pak me miell dhe priteni në forma me një prerës për biskota. Vendosini biskotat në një fletë biskotash të lyer me yndyrë (për biskota), lyejini sipër me të bardhë veze dhe spërkatini me kikirikë. E pjekim në furrë të parangrohur në 180°C/350°F/gaz 4 për 10 minuta derisa të marrin ngjyrë të artë.

biskota me krem kosi

Bën 24

50 g / 2 oz / ¼ filxhan gjalpë ose margarinë, të zbutur

175 g / 6 oz / ¾ filxhan sheqer pluhur (shumë i imët)

1 vezë

60 ml / 4 lugë salcë kosi (kosi)

2,5 ml / ½ lugë çaji esencë vanilje (ekstrakt)

150 g / 5 oz / 1¼ filxhan miell të thjeshtë (të gjitha qëllimet)

2,5 ml / ½ lugë çaji pluhur pjekjeje

75 g / 3 oz / ½ filxhan rrush të thatë

Lyejeni gjalpin ose margarinën dhe sheqerin derisa të jenë të lehta dhe me gëzof. Shtoni gradualisht vezën, kremin dhe thelbin e vaniljes. Përzieni miellin, pluhurin për pjekje dhe rrushin e thatë dhe përzieni në masë derisa të përzihet mirë. Hidhni lugë çaji të rrumbullakosura të përzierjes në fletë pjekje (biskota) të lyera me pak yndyrë dhe piqini në një furrë të parangrohur në 180°C/350°F/gaz shenjën 4 për rreth 10 minuta derisa të marrin ngjyrë kafe të artë.

Biskota me sheqer kafe

Bën 24

100 g / 4 oz / ½ filxhan gjalpë ose margarinë, i zbutur

100 g / 4 oz / ½ filxhan sheqer kafe të butë

1 vezë e rrahur lehtë

2,5 ml / 1 lugë çaji esencë vanilje (ekstrakt)

150 g / 5 oz / 1¼ filxhan miell të thjeshtë (të gjitha qëllimet)

2,5 ml / ½ lugë çaji sodë buke (sode buke)

një majë kripë

75 g / 3 oz / ½ filxhan sulltane (rrush të thatë)

Lyejeni gjalpin ose margarinën dhe sheqerin derisa të jenë të lehta dhe me gëzof. Shtoni gradualisht thelbin e vezës dhe vaniljes. Shtoni përbërësit e mbetur derisa të jenë të qetë. Hidhni lugë çaji të rrumbullakosura të ndara mirë në një fletë pjekjeje të lyer me pak yndyrë (biskota). Piqni biskotat (biskotat) në një furrë të parangrohur në 180°C/350°F/gaz 4 për 12 minuta derisa të marrin ngjyrë kafe të artë.

Biskota me sheqer dhe arrëmyshk

Bën 24

50 g / 2 oz / ¼ filxhan gjalpë ose margarinë, të zbutur

100 g / 4 oz / ½ filxhan sheqer pluhur (shumë i imët)

1 e verdhe veze

2,5 ml / ½ lugë çaji esencë vanilje (ekstrakt)

150 g / 5 oz / 1¼ filxhan miell të thjeshtë (të gjitha qëllimet)

5 ml / 1 lugë çaji pluhur pjekjeje

Një majë arrëmyshk të grirë

60 ml / 4 lugë salcë kosi (kosi)

Lyejeni gjalpin ose margarinën dhe sheqerin derisa të jenë të lehta dhe me gëzof. Rrihni të verdhën e vezës dhe esencën e vaniljes, më pas shtoni miellin, pluhurin për pjekje dhe arrëmyshkun. Përziejeni kremin derisa të jetë homogjen. Mbulojeni dhe ftoheni për 30 minuta.

Hapeni brumin në trashësi ¼/5 mm dhe priteni në copa 2/5 cm duke përdorur një prerës për biskota. Vendosini biskotat në një tepsi të palyer me yndyrë (biskota) dhe piqini në furrë të parangrohur në 200°C/400°F/gaz 6 për 10 minuta derisa të marrin ngjyrë kafe të artë.

Bukë e shkurtër

Bën 8

150 g / 5 oz / 1¼ filxhan miell të thjeshtë (të gjitha qëllimet)

një majë kripë

25 g / 1 oz / ¼ filxhan miell orizi ose oriz i bluar

50 g / 2 oz / ¼ filxhan sheqer pluhur (shumë i imët)

100 g / 4 oz / ¼ filxhan gjalpë të fortë ose margarinë, të ftohur dhe të grirë

Përzieni miellin, kripën dhe miellin e orizit ose orizin e bluar. Shtoni sheqerin, më pas gjalpin ose margarinën. Përziejeni përzierjen me majat e gishtave derisa të ngjajë me thërrimet e bukës. Shtypeni në një tavë sanduiç 18 cm / 7 inç dhe niveloni pjesën e sipërme. Shponi gjithçka me një pirun dhe ndani në tetë pjesë të barabarta, duke i prerë deri në fund. Lëreni të ftohet për 1 orë.

E pjekim në furrë të parangrohur në 150°C/300°F/gaz 2 për 1 orë derisa të ketë ngjyrë të zbehtë kashte. Lëreni të ftohet në tepsi përpara se ta zbërtheni.

Torta e Krishtlindjes

12 më parë

175 g / 6 oz / ¾ filxhan gjalpë ose margarinë

250 g / 9 oz / 2¼ filxhan miell të thjeshtë (të gjitha qëllimet)

75 g / 3 oz / 1/3 filxhan sheqer pluhur (super fine).

Për veshjen:

15 ml / 1 lugë bajame të grira

15 ml / 1 lugë gjelle arra, të grira

30 ml / 2 lugë rrush të thatë

30 ml / 2 lugë qershi me glazurë (të sheqerosur), të grira

lëkura e grirë e 1 limoni

15 ml / 1 lugë sheqer pluhur (superfin) për pluhurosje

Fërkoni gjalpin ose margarinën në miell derisa përzierja të ngjajë me thërrimet e bukës. Shtoni sheqerin. Shtypeni përzierjen në një pastë dhe gatuajeni derisa të jetë e qetë. Shtypeni në një tavë me role zvicerane të lyer me yndyrë (tepsi me pelte) dhe niveloni sipërfaqen. Përziejini përbërësit për sipër dhe shtypini në masë. Mblidhni në 12 gishta, më pas piqini në një furrë të parangrohur në 180°C/350°F/shenja 4 e gazit për 30 minuta. E pudrosim me sheqer pluhur, e presim në gishta dhe e lëmë të ftohet në tepsi.

bukë e shkurtër me mjaltë

12 më parë

100 g / 4 oz / ½ filxhan gjalpë ose margarinë, i zbutur

75 g / 3 oz / ¼ filxhan mjaltë

200 g / 7 oz / 1¾ filxhan miell gruri integral (gruri integral)

25 g / 1 oz / ¼ filxhan miell orizi kafe

lëkura e grirë e 1 limoni

Rrihni gjalpin ose margarinën dhe mjaltin derisa të jenë të lëmuara. Shtoni miellin dhe lëvozhgën e limonit dhe bëjeni një brumë të butë. Shtypeni në një tepsi të lyer me yndyrë dhe miell 18 cm / 7" dhe shpojini me një pirun. Pritini në 12 pjesë dhe palosni skajet. Lëreni të ftohet për 1 orë.

E pjekim në furrë të parangrohur në 150°C/300°F/gaz 2 për 40 minuta derisa të marrin ngjyrë kafe të artë. Pritini në copa të shënuara dhe lëreni të ftohet në tepsi.

Tortë me limon

12 më parë

100 g / 4 oz / 1 filxhan miell i thjeshtë (të gjitha qëllimet)

50 g / 2 oz / ½ filxhan miell misri (miseshte misri)

100 g / 4 oz / ½ filxhan gjalpë ose margarinë, i zbutur

50 g / 2 oz / ¼ filxhan sheqer pluhur (shumë i imët)

lëkura e grirë e 1 limoni

Sheqer pluhur (shumë i imët) për pluhurosje

Shosh miellin dhe niseshtenë e misrit së bashku. Rrihni gjalpin ose margarinën derisa të zbuten, më pas shtoni sheqerin pluhur derisa të zbehet dhe të zbutet. Shtoni lëkurën e limonit dhe më pas rrihni masën e miellit derisa të përzihet mirë. Hapeni tortën në një rreth 20 cm / 8 dhe vendoseni në një tepsi të lyer me yndyrë (biskotë). Prisni gjithçka me një pirun dhe vidhni skajet me fyell. Pritini në 12 pjesë, më pas pudrosni me sheqer pluhur. Ftoheni në frigorifer për 15 minuta. E pjekim në furrë të parangrohur në 160°C/325°F/gaz 3 për 35 minuta derisa të marrin ngjyrë të artë të zbehtë. Lëreni të ftohet në tepsi për 5 minuta përpara se ta vendosni në një raft teli për të përfunduar ftohjen.

Bukë e shkurtër e mishit të grirë

Bën 8

175 g / 6 oz / ¾ filxhan gjalpë ose margarinë, të zbutur

50 g / 2 oz / ¼ filxhan sheqer pluhur (shumë i imët)

225 g / 8 oz / 2 gota miell të thjeshtë (të gjitha qëllimet)

60 ml / 4 lugë mish të grirë

Rrihni gjalpin ose margarinën dhe sheqerin derisa të jenë të lëmuara. Punojeni në miell, pastaj në grirë. Shtypeni në një tavë sanduiç 23 cm / 7 inç dhe niveloni pjesën e sipërme. Shponi gjithçka me një pirun dhe ndani në tetë pjesë, duke e prerë deri në fund. Lëreni të ftohet për 1 orë.

E pjekim në furrë të parangrohur në 160°C/325°F/gaz 3 për 1 orë derisa të ketë ngjyrë të zbehtë kashte. Lëreni të ftohet në tepsi përpara se ta zbërtheni.

kek me arra

12 më parë

100 g / 4 oz / ½ filxhan gjalpë ose margarinë, i zbutur

50 g / 2 oz / ¼ filxhan sheqer pluhur (shumë i imët)

100 g / 4 oz / 1 filxhan miell i thjeshtë (të gjitha qëllimet)

50 g / 2 oz / ½ filxhan oriz i bluar

50 g / 2 oz / ½ filxhan bajame, të grira hollë

Lyejeni gjalpin ose margarinën dhe sheqerin derisa të jenë të lehta dhe me gëzof. Shtoni miellin dhe orizin e bluar. Shtoni arrat dhe përziejini derisa të përftoni një brumë të fortë. Ziejeni lehtë derisa të jetë e qetë. Shtypeni në fund të një tepsi me role zvicerane të lyer me yndyrë dhe rrafshoni sipërfaqen. Prisni gjithçka me një pirun. E pjekim në furrë të parangrohur në 160°C/325°F/gaz 3 për 45 minuta derisa të marrin ngjyrë të artë të zbehtë. Lëreni të ftohet në tepsi për 10 minuta, më pas priteni në gishta. Lëreni në tepsi për të përfunduar ftohjen përpara se ta zbërtheni.

petë portokalli

12 më parë

100 g / 4 oz / 1 filxhan miell i thjeshtë (të gjitha qëllimet)

50 g / 2 oz / ½ filxhan miell misri (miseshte misri)

100 g / 4 oz / ½ filxhan gjalpë ose margarinë, i zbutur

50 g / 2 oz / ¼ filxhan sheqer pluhur (shumë i imët)

lëkura e grirë e 1 portokalli

Sheqer pluhur (shumë i imët) për pluhurosje

Shosh miellin dhe niseshtenë e misrit së bashku. Rrihni gjalpin ose margarinën derisa të zbuten, më pas shtoni sheqerin pluhur derisa të zbehet dhe të zbutet. Shtoni lëkurën e portokallit, më pas rrihni përzierjen e miellit derisa të përzihet mirë. Hapeni tortën në një rreth 20 cm / 8 dhe vendoseni në një tepsi të lyer me yndyrë (biskotë). Prisni gjithçka me një pirun dhe vidhni skajet me fyell. Pritini në 12 pjesë, më pas pudrosni me sheqer pluhur. Ftoheni në frigorifer për 15 minuta. E pjekim në furrë të parangrohur në 160°C/325°F/gaz 3 për 35 minuta derisa të marrin ngjyrë të artë të zbehtë. Lëreni të ftohet në tepsi për 5 minuta përpara se ta vendosni në një raft teli për të përfunduar ftohjen.

Bukë e shkurtër për njeriun e pasur

Bën 36

Për bazën:

225 g / 8 oz / 1 filxhan gjalpë ose margarinë

275 g / 10 oz / 2½ filxhan miell të thjeshtë (të gjitha qëllimet)

100 g / 4 oz / ½ filxhan sheqer pluhur (shumë i imët)

Për mbushjen:

225 g / 8 oz / 1 filxhan gjalpë ose margarinë

225 g / 8 oz / 1 filxhan sheqer kafe të butë

60 ml / 4 lugë shurup i artë (misër i lehtë)

400 g / 14 oz qumësht i kondensuar

Disa pika esencë vanilje (ekstrakt)

Për veshjen:

225 g / 8 oz / 2 filxhanë çokollatë të thjeshtë (gjysmë të ëmbël)

Për të bërë bazën, fërkoni gjalpin ose margarinën në miell, më pas shtoni sheqerin dhe gatuajeni përzierjen në një brumë të fortë. Shtypeni në fund të një tepsie të lyer me role zvicerane (tepsinë me pelte) të veshur me letër alumini. E pjekim në furrë të parangrohur në 180°C/350°F/gaz 4 për 35 minuta derisa të marrin ngjyrë kafe të artë. Lëreni të ftohet në tepsi.

Për të bërë mbushjen, shkrini gjalpin ose margarinën, sheqerin, shurupin dhe qumështin e kondensuar në një tigan në zjarr të ulët, duke i përzier vazhdimisht. Lëreni të vlojë, më pas zijini, duke e përzier vazhdimisht, për 7 minuta. E heqim nga zjarri, i shtojmë esencën e vaniljes dhe e rrahim mirë. Hidheni mbi bazën dhe lëreni të ftohet dhe të vendoset.

Shkrini çokollatën në një enë rezistente ndaj nxehtësisë të vendosur mbi një tenxhere me ujë të zier. Përhapeni mbi shtresën e karamelit dhe shënoni modelet me një pirun. Lëreni të ftohet dhe të piqet, më pas priteni në katrorë.

Biskota me tërshërë me kokërr të plotë

10 më parë

100 g / 4 oz / ½ filxhan gjalpë ose margarinë

150 g / 5 oz / 1¼ filxhan miell gruri integral (gruri integral)

25 g / 1 oz / ¼ filxhan miell tërshërë

50 g / 2 oz / ¼ filxhan sheqer kafe të butë

Fërkoni miellin me gjalpë ose margarinë derisa përzierja të ngjajë me thërrimet e bukës. Shtoni sheqerin dhe punojeni lehtë derisa të keni një brumë të butë dhe të thërrmuar. Hapeni në një sipërfaqe të lyer lehtë me miell në një trashësi prej rreth 1 cm / ½ inç dhe priteni në rrathë 5 cm / 2 me një prerës për biskota. Kalojini me kujdes në një tepsi të lyer me yndyrë (për biskota) dhe piqini në një furrë të parangrohur në 150°C/300°F/gaz pikën 3 për rreth 40 minuta derisa të marrin ngjyrë të artë dhe të mpiksen.

bajame rrotullohet

Bën 16

175 g / 6 oz / ¾ filxhan gjalpë ose margarinë, të zbutur

50 g / 2 oz / 1/3 filxhan sheqer pluhur (të ëmbëlsirave), i situr

2,5 ml / ½ lugë çaji esencë bajame (ekstrakt)

175 g / 6 oz / 1½ filxhan miell të thjeshtë (të gjitha qëllimet)

8 qershi të glazura (të sheqerosura), të përgjysmuara ose të prera në katër pjesë

Sheqer pluhur (e ëmbëlsirave), i situr, për pluhurosje

Krem gjalpë ose margarinë dhe sheqer. Shtoni thelbin e bajames dhe miellin. Transferoni përzierjen në një qese tubacioni të pajisur me një hundë të madhe në formë ylli (majë). Shtroni 16 rrotullime të sheshta në një tepsi të lyer me yndyrë (për biskota). Sipër secilit me një fetë qershie. E pjekim në furrë të parangrohur në 160°C/325°F/gaz 3 për 20 minuta derisa të marrin ngjyrë të artë të zbehtë. Lëreni të ftohet në tepsi për 5 minuta, më pas transferojeni në një raft teli dhe pudrosni me sheqer pluhur.

Tortë me çokollatë me beze

Bën 24

100 g / 4 oz / ½ filxhan gjalpë ose margarinë, i zbutur

5 ml / 1 lugë çaji esencë vanilje (ekstrakt)

4 te bardha veze

200 g / 7 oz / 1¾ filxhan miell të thjeshtë (të gjitha qëllimet)

50 g / 2 oz / ¼ filxhan sheqer pluhur (shumë i imët)

45 ml / 3 lugë kakao pluhur (çokollatë pa sheqer)

100 g / 4 oz / 2/3 filxhan sheqer pluhur (të ëmbëlsirave), i situr

Rrahim gjalpin ose margarinën, esencën e vaniljes dhe dy të bardhat e vezëve. Përziejini së bashku miellin, sheqerin dhe kakaon, më pas përzieni gradualisht në masën e gjalpit. Shtypeni në një tavë katrore të lyer me yndyrë 30 cm / 12 inç. Rrahim të bardhat e mbetura të vezëve me sheqer pluhur dhe lyejmë sipër. E pjekim në furrë të parangrohur në 190°C/375°F/gaz 5 për 20 minuta derisa të marrin ngjyrë kafe të artë. Pritini në shufra.

njerëz biskota

rreth 12 më parë

100 g / 4 oz / ½ filxhan gjalpë ose margarinë, i zbutur

100 g / 4 oz / ½ filxhan sheqer pluhur (shumë i imët)

1 vezë e rrahur

225 g / 8 oz / 2 gota miell të thjeshtë (të gjitha qëllimet)

Disa rrush pa fara të kuqe dhe qershi me lustër (të ëmbëlsuar)

Krem gjalpë ose margarinë dhe sheqer. Shtoni gradualisht vezën dhe rrihni mirë. Palosni miellin me një lugë metalike. Rrotulloni përzierjen në një sipërfaqe të lyer lehtë me miell derisa të jetë rreth 5 mm / ¼ inç e trashë. Pritini njerëzit me një prerës biskotash (biskota) ose thikë, duke i rrotulluar sërish prerjet derisa të keni përdorur të gjithë brumin. Vendoseni në një tepsi të lyer me yndyrë (për biskota) dhe shtypni rrush pa fara për sytë dhe butonat. Pritini feta qershie për gojën. Piqini biskotat (biskotat) në një furrë të parangrohur në 190°C/375°F/gaz 5 për 10 minuta derisa të marrin ngjyrë kafe të artë. Lëreni të ftohet në një raft.

Tortë me kek me xhenxhefil me akull

Bën dy ëmbëlsira 20 cm / 8 inç

Për kekun:

225 g / 8 oz / 1 filxhan gjalpë ose margarinë, i zbutur

100 g / 4 oz / ½ filxhan sheqer pluhur (shumë i imët)

275 g / 10 oz / 2½ filxhan miell të thjeshtë (të gjitha qëllimet)

10 ml / 2 lugë çaji pluhur pjekjeje

10 ml / 2 lugë çaji xhenxhefil të bluar

Për kremin (bricën):

50 g / 2 oz / ¼ filxhan gjalpë ose margarinë

15 ml / 1 lugë shurup i artë (misër i lehtë)

100 g / 4 oz / 2/3 filxhan sheqer pluhur (të ëmbëlsirave), i situr

5 ml / 1 lugë çaji xhenxhefil të bluar

Për të bërë tortën e shkurtër, lyeni së bashku gjalpin ose margarinën dhe sheqerin derisa të jenë të lehta dhe me gëzof. Përzieni pjesën tjetër të përbërësve të tortës për të bërë një brumë, ndajeni masën në gjysmë dhe shtypeni në dy formate sanduiçësh të lyer me yndyrë 20cm/8 inç. E pjekim në furrë të parangrohur në 160°C/325°F/gazmark 3 për 40 minuta.

Për të bërë glazurën, shkrini gjalpin ose margarinën dhe shurupin në një tigan. Shtoni sheqerin pluhur dhe xhenxhefilin dhe përziejini mirë. Hidhni mbi të dy ëmbëlsirat dhe lërini të ftohen, më pas pritini në copa.

Biskota Shrewsbury

Bën 24

100 g / 4 oz / ½ filxhan gjalpë ose margarinë, i zbutur

100 g / 4 oz / ½ filxhan sheqer pluhur (shumë i imët)

1 e verdhe veze

225 g / 8 oz / 2 gota miell të thjeshtë (të gjitha qëllimet)

5 ml / 1 lugë çaji pluhur pjekjeje

5 ml / 1 lugë gjelle lëvozhgë limoni të grirë

Lyejeni gjalpin ose margarinën dhe sheqerin derisa të jenë të lehta dhe me gëzof. Shtoni gradualisht të verdhën e vezës, më pas përzieni miellin, pluhurin për pjekje dhe lëkurën e limonit, duke përfunduar me duar derisa masa të bashkohet. Hapeni në ¼ / 5 mm trashësi dhe priteni në rrathë 2¼ / 6 cm me një prerës për biskota. I vendosim biskotat të ndara mirë në një tepsi të lyer me yndyrë (për biskotat) dhe i shpojmë me një pirun. E pjekim në furrë të parangrohur në 180°C/350°F/gaz 4 për 15 minuta derisa të marrin ngjyrë të artë të zbehtë.

Biskota me erëza spanjolle

Bën 16

90 ml / 6 lugë vaj ulliri

100 g / 4 oz / ½ filxhan sheqer të grimcuar

100 g / 4 oz / 1 filxhan miell i thjeshtë (të gjitha qëllimet)

15 ml / 1 lugë gjelle pluhur pjekjeje

10 ml / 2 lugë çaji kanellë të bluar

3 vezë

lëkura e grirë e 1 limoni

30 ml / 2 lugë gjelle sheqer pluhur (të ëmbëlsirave), të situr

Ngrohni vajin në një tigan të vogël. Përzieni sheqerin, miellin, pluhurin për pjekje dhe kanellën. Në një tas të veçantë, rrihni vezët dhe lëkurën e limonit derisa të bëhet shkumë. Shtoni përbërësit e thatë dhe vajin për të bërë një brumë të butë. Derdhni brumin në një tepsi me role zvicerane të lyer mirë me yndyrë dhe piqeni në një furrë të parangrohur në temperaturën 180°C/350°F/gaz 4 për 30 minuta derisa të marrin ngjyrë kafe të artë. E fikim, e lëmë të ftohet, më pas i presim në trekëndësha dhe i spërkasim biskotat (biskotat) me sheqer pluhur.

biskota me erëza të modës së vjetër

Bën 24

75 g / 3 oz / 1/3 filxhan gjalpë ose margarinë

50 g / 2 oz / ¼ filxhan sheqer pluhur (shumë i imët)

45 ml / 3 lugë gjelle melasa e zezë (melasë)

175 g / 6 oz / ¾ filxhan miell të thjeshtë (të gjitha qëllimet)

5 ml / 1 lugë çaji kanellë të bluar

5 ml / 1 lugë erëza të bluara të përziera (byrek me mollë)

2,5 ml / ½ lugë çaji xhenxhefil të bluar

2,5 ml / ½ lugë çaji sodë buke (sode buke)

Shkrini së bashku gjalpin ose margarinën, sheqerin dhe melasën në zjarr të ulët. Përzieni miellin, erëzat dhe sodën e bukës në një tas. Hidhni masën e melasës dhe përzieni derisa të përzihet mirë. Përziejini derisa të jenë të lëmuara dhe formoni topa. Vendoseni, të ndarë mirë, në një tepsi të lyer me yndyrë (për biskotat) dhe shtypeni me një pirun. Piqni biskotat (biskotat) në një furrë të parangrohur në 180°C/350°F/gaz 4 për 12 minuta derisa të jenë të forta dhe të arta.

biskota melase

Bën 24

75 g / 3 oz / 1/3 filxhan gjalpë ose margarinë, të zbutur

100 g / 4 oz / ½ filxhan sheqer kafe të butë

1 e verdhe veze

30 ml / 2 lugë gjelle melasë e zezë (melasë)

100 g / 4 oz / 1 filxhan miell i thjeshtë (të gjitha qëllimet)

5 ml / 1 lugë çaji sodë buke (sode buke)

një majë kripë

5 ml / 1 lugë çaji kanellë të bluar

2,5 ml / ½ lugë çaji karafil të bluar

Lyejeni gjalpin ose margarinën dhe sheqerin derisa të jenë të lehta dhe me gëzof. Shtoni gradualisht të verdhën e vezës dhe melasën. Përziejini së bashku miellin, sodën e bukës, kripën dhe erëzat dhe përzieni në masë. Mbulojeni dhe ftohuni.

Rrotulloni masën në topa 3 cm / 1½ dhe vendoseni në një tepsi të lyer me yndyrë (për biskota). Piqni biskotat (biskotat) në një furrë të parangrohur në 180°C/350°F/gaz shenjë 4 për 10 minuta derisa të piqen.

Biskota me kajsi dhe arra

rreth 24 vjet më parë

50 g / 2 oz / ¼ filxhan gjalpë ose margarinë

50 g / 2 oz / ¼ filxhan sheqer pluhur (shumë i imët)

50 g / 2 oz / ¼ filxhan sheqer kafe të butë

1 vezë e rrahur lehtë

2,5 ml / ½ lugë çaji sodë buke (sode buke)

30 ml / 2 lugë ujë të vakët

45 ml / 3 lugë gjelle melasa e zezë (melasë)

25 g / 1 oz kajsi të thata të gatshme për t'u ngrënë, të copëtuara

25 g / 1 oz / ¼ filxhan arra të përziera të copëtuara

100 g / 4 oz / 1 filxhan miell i thjeshtë (të gjitha qëllimet)

një majë kripë

Një majë karafil të bluar

Lyejeni gjalpin ose margarinën dhe sheqernat derisa të jenë të lehta dhe me gëzof. Shtoni gradualisht vezën. Përzieni sodën e bukës me ujin dhe përzieni masën me përbërësit e mbetur. Hidhni lugët në një tepsi të lyer me yndyrë (për biskota) dhe piqini në një furrë të parangrohur në 180°C/350°F/gaz shenjën 4 për 10 minuta.

Biskota melasë dhe dhallë

Bën 24

50 g / 2 oz / ¼ filxhan gjalpë ose margarinë, të zbutur

50 g / 2 oz / ¼ filxhan sheqer kafe të butë

150 ml / ¼ pt / 2/3 filxhan melasë të zezë (melasë)

150 ml / ¼ pt / 2/3 filxhan dhallë

175 g / 6 oz / 1½ filxhan miell të thjeshtë (të gjitha qëllimet)

2,5 ml / ½ lugë çaji sodë buke (sode buke)

Kremi gjalpin ose margarinën dhe sheqerin derisa të zbuten dhe të zbuten, më pas përzieni melasën dhe dhallën në mënyrë alternative me miellin dhe sodën e bukës. Hidhni lugë të mëdha në një tepsi të lyer me yndyrë (për biskota) dhe piqini në një furrë të parangrohur në 190°C/375°F/gaz 5 për 10 minuta.

Biskota melase dhe kafeje

Bën 24

60 g / 2½ oz / 1/3 filxhan sallo (shkurtim perimesh)

50 g / 2 oz / ¼ filxhan sheqer kafe të butë

75 g / 3 oz / ¼ filxhan melasa me rrip të zi (melasa)

2,5 ml / ½ lugë çaji esencë vanilje (ekstrakt)

200 g / 7 oz / 1¾ filxhan miell të thjeshtë (të gjitha qëllimet)

5 ml / 1 lugë çaji sodë buke (sode buke)

një majë kripë

2,5 ml / ½ lugë çaji xhenxhefil të bluar

2,5 ml / ½ lugë çaji kanellë të bluar

60 ml / 4 lugë kafe e zezë e ftohtë

Rrihni yndyrën dhe sheqerin derisa të zbehet dhe të bëhet me gëzof. Shtoni esencën e melasës dhe vaniljes. Përziejmë miellin, sodën e bukës, kripën dhe erëzat dhe masën e shtojmë në mënyrë alternative me kafenë. Mbulojeni dhe ftohuni për disa orë.

Hapeni brumin në trashësi ¼/5 mm dhe priteni në copa 2/5 cm duke përdorur një prerës për biskota. Vendosini biskotat në një tepsi të palyer me yndyrë (për biskota) dhe piqini në furrë të parangrohur në 190°C/375°F/gaz shenjë 5 për 10 minuta derisa të jenë të qëndrueshme në prekje.

Melasa dhe biskota me hurma

rreth 24 vjet më parë

50 g / 2 oz / ¼ filxhan gjalpë ose margarinë, të zbutur

50 g / 2 oz / ¼ filxhan sheqer pluhur (shumë i imët)

50 g / 2 oz / ¼ filxhan sheqer kafe të butë

1 vezë e rrahur lehtë

2,5 ml / ½ lugë çaji sodë buke (sode buke)

30 ml / 2 lugë ujë të vakët

45 ml / 3 lugë gjelle melasa e zezë (melasë)

25 g / 1 oz / ¼ filxhan hurma pa kore, të copëtuara

100 g / 4 oz / 1 filxhan miell i thjeshtë (të gjitha qëllimet)

një majë kripë

Një majë karafil të bluar

Lyejeni gjalpin ose margarinën dhe sheqernat derisa të jenë të lehta dhe me gëzof. Shtoni gradualisht vezën. Përzieni sodën e bukës me ujin, më pas përzieni përzierjen me përbërësit e mbetur. Hidhni lugët në një tepsi të lyer me yndyrë (për biskota) dhe piqini në një furrë të parangrohur në 180°C/350°F/gaz shenjën 4 për 10 minuta.

Biskota melase dhe kek me xhenxhefil

Bën 24

50 g / 2 oz / ¼ filxhan gjalpë ose margarinë, të zbutur

50 g / 2 oz / ¼ filxhan sheqer kafe të butë

150 ml / ¼ pt / 2/3 filxhan melasë të zezë (melasë)

150 ml / ¼ pt / 2/3 filxhan dhallë

175 g / 6 oz / 1½ filxhan miell të thjeshtë (të gjitha qëllimet)

2,5 ml / ½ lugë çaji sodë buke (sode buke)

2,5 ml / ½ lugë çaji xhenxhefil të bluar

1 vezë të rrahur për glazure

Kremi gjalpin ose margarinën dhe sheqerin derisa të zbehet dhe të bëhet me gëzof, më pas përzieni melasën dhe dhallën në mënyrë alternative me miellin, sodën e bukës dhe xhenxhefilin e bluar. Hidhni lugë të mëdha në një tepsi të lyer me yndyrë (për biskota) dhe lyeni sipër me vezë të rrahur. E pjekim në furrë të parangrohur në 190°C/375°F/gaz 5 për 10 minuta.

Biskota me vanilje

Bën 24

150 g / 5 oz / 2/3 filxhan gjalpë ose margarinë, të zbutur

100 g / 4 oz / ½ filxhan sheqer pluhur (shumë i imët)

1 vezë e rrahur

225 g / 8 oz / 2 gota miell që rritet vetë (maja)

një majë kripë

10 ml / 2 lugë çaji esencë vanilje (ekstrakt)

Qershi glace (të sheqerosura) për të dekoruar

Lyejeni gjalpin ose margarinën dhe sheqerin derisa të jenë të lehta dhe me gëzof. Rrihni ngadalë vezën, më pas shtoni miellin, kripën dhe thelbin e vaniljes dhe përzieni derisa të formohet një brumë. Ziejeni derisa të jetë e qetë. Mbështilleni me film ushqimor (film të pastër) dhe ftohuni për 20 minuta.

Hapeni brumin hollë dhe priteni në feta me një prerës për biskota. Vendosini në një tepsi të lyer me yndyrë (për biskota) dhe sipër secilës vendosni një qershi. Piqini biskotat në një furrë të parangrohur në 180°C/350°F/gaz 4 për 10 minuta derisa të marrin ngjyrë kafe të artë. Lëreni të ftohet në tepsi për 10 minuta përpara se ta transferoni në një raft teli për të përfunduar ftohjen.

Biskota me arra

Bën 36

100 g / 4 oz / ½ filxhan gjalpë ose margarinë, i zbutur

100 g / 4 oz / ½ filxhan sheqer kafe të butë

100 g / 4 oz / ½ filxhan sheqer pluhur (shumë i imët)

1 vezë e madhe, e rrahur lehtë

200 g / 7 oz / 1¾ filxhan miell të thjeshtë (të gjitha qëllimet)

5 ml / 1 lugë çaji pluhur pjekjeje

2,5 ml / ½ lugë çaji sodë buke (sode buke)

120 ml / 4 ml oz / ½ filxhan dhallë

50 g / 2 oz / ½ filxhan arra, të copëtuara

Krem gjalpin ose margarinën dhe sheqernat. Rrihni gradualisht vezën, më pas shtoni miellin, pluhurin për pjekje dhe sodën bikarbonat alternuar me dhallën. Shtoni arrat. Hidhni lugë të vogla në një fletë pjekjeje të lyer me yndyrë (për biskota) dhe piqini biskotat (biskotat) në një furrë të parangrohur në 190°C/375°F/shenja 5 e gazit për 10 minuta.

biskota krokante

Bën 24

1 oz / 25 g maja të freskët ose 2½ lugë gjelle / 40 ml maja e thatë

450 ml / ¾ pt / 2 gota qumësht të ngrohtë

900 g / 2 lb / 8 gota miell të fortë për të gjitha qëllimet (bukë)

175 g / 6 oz / ¾ filxhan gjalpë ose margarinë, të zbutur

30 ml / 2 lugë mjaltë të lehtë

2 vezë të rrahura

Veza e rrahur për glazurë

Përzieni majanë me pak qumësht të ngrohtë dhe lëreni në një vend të ngrohtë për 20 minuta. Vendosim miellin në një tas dhe lyejmë me gjalpë ose margarinë. Shtoni përzierjen e majave, qumështin e mbetur të ngrohtë, mjaltin dhe vezët dhe përziejini derisa të jetë e qetë. Ziejini në një sipërfaqe të lyer pak me miell derisa të jetë e lëmuar dhe elastike. Vendoseni në një enë të lyer me vaj, mbulojeni me një film të lyer me vaj (mbështjellës plastik) dhe lëreni në një vend të ngrohtë për 1 orë derisa të dyfishohet në madhësi.

Ziejini sërish, më pas formoni role të gjata e të sheshta dhe vendosini në një tepsi të lyer me yndyrë (për biskotat). Mbulojeni me një film transparent të lyer me vaj dhe lëreni në një vend të ngrohtë për 20 minuta.

E lyejmë me vezë të rrahur dhe e pjekim në furrë të parangrohur në 200°C/400°F/gaz 6 për 20 minuta. Lëreni të ftohet gjatë natës.

Pritini hollë, më pas piqini përsëri në një furrë të parangrohur në 150°C/300°F/gaz 2 për 30 minuta derisa të bëhen të freskëta dhe të arta.

biskota me djathë çedër

12 më parë

50 g / 2 oz / ¼ filxhan gjalpë ose margarinë

200 g / 7 oz / 1¾ filxhan miell të thjeshtë (të gjitha qëllimet)

15 ml / 1 lugë gjelle pluhur pjekjeje

një majë kripë

50 g / 2 oz / ½ filxhan djathë çedar i grirë

175 ml / 6 ml oz / ¾ filxhan qumësht

Fërkoni gjalpin ose margarinën në miell, pluhur për pjekje dhe kripë derisa përzierja të ngjajë me thërrimet e bukës. Shtoni djathin dhe më pas përzieni me qumësht aq sa të bëhet një brumë i butë. Hapeni në një sipërfaqe të lyer lehtë me miell me trashësi rreth 2 cm / ¾ dhe priteni në feta me një prerës biskotash. Vendosini në një tepsi të palyer (biskota) dhe piqini biskotat (biskotat) në një furrë të parangrohur në 200°C/400°F/gaz shenjë 6 për 15 minuta derisa të marrin ngjyrë kafe të artë.

Crackers djathi blu

12 më parë

50 g / 2 oz / ¼ filxhan gjalpë ose margarinë

200 g / 7 oz / 1¾ filxhan miell të thjeshtë (të gjitha qëllimet)

15 ml / 1 lugë gjelle pluhur pjekjeje

50 g / 2 oz / ½ filxhan djathë Stilton, i grirë ose i grimcuar

175 ml / 6 ml oz / ¾ filxhan qumësht

Fërkoni gjalpin ose margarinën në miell dhe pluhur pjekjeje derisa përzierja të ngjajë me thërrimet e bukës. Shtoni djathin dhe më pas përzieni me qumësht aq sa të bëhet një brumë i butë. Hapeni në një sipërfaqe të lyer lehtë me miell me trashësi rreth 2 cm / ¾ dhe priteni në feta me një prerës biskotash. Vendosini në një tepsi të palyer (biskota) dhe piqini biskotat (biskotat) në një furrë të parangrohur në 200°C/400°F/gaz shenjë 6 për 15 minuta derisa të marrin ngjyrë kafe të artë.

Krekera me djathë dhe susam

Bën 24

75 g / 3 oz / 1/3 filxhan gjalpë ose margarinë

75 g / 3 oz / ¾ filxhan miell gruri të plotë (gruri i plotë)

75 g / 3 oz / ¾ filxhan djathë çedër, i grirë

30 ml / 2 lugë fara susami

Kripë dhe piper i zi i sapo bluar

1 vezë e rrahur

Fërkoni gjalpin ose margarinën në miell derisa përzierja të ngjajë me thërrimet e bukës. Shtoni djathin dhe gjysmën e farave të susamit dhe i rregulloni me kripë dhe piper. Shtypni së bashku për të formuar një brumë të fortë. Hapeni brumin në një sipërfaqe të lyer pak me miell derisa të jetë rreth 5 mm / ¼ inç i trashë dhe priteni në rrathë duke përdorur një prerës biskotash. Vendosini biskotat (biskotat) në një tepsi të lyer me yndyrë (për biskotat), lyejini me vezë dhe spërkatini me farat e mbetura të susamit. E pjekim në furrë të parangrohur në 190°C/375°F/gaz 5 për 10 minuta derisa të marrin ngjyrë të artë.

Shkopinj djathi

Bën 16

225 g / 8 oz pastë sfoliat

1 vezë e rrahur

100 g / 4 oz / 1 filxhan çedër ose djathë i mprehtë, i grirë

15 ml / 1 lugë gjelle djathë parmixhano të grirë

Kripë dhe piper i zi i sapo bluar

Hapeni brumin (makaronat) në trashësi rreth 5 mm / ¼ dhe lyejeni me furçë bujare me vezë të rrahur. I spërkasim me djathrat dhe i rregullojmë me kripë dhe piper sipas shijes. Pritini në shirita dhe rrotulloni butësisht shiritat në spirale. Vendoseni në një fletë të njomur biskotash (për biskota) dhe piqini në një furrë të parangrohur në 220°C/425°F/gaz pikën 7 për rreth 10 minuta derisa të fryhet dhe të marrë ngjyrë të artë.

Krekera me djathë dhe domate

12 më parë

50 g / 2 oz / ¼ filxhan gjalpë ose margarinë

200 g / 7 oz / 1¾ filxhan miell të thjeshtë (të gjitha qëllimet)

15 ml / 1 lugë gjelle pluhur pjekjeje

një majë kripë

50 g / 2 oz / ½ filxhan djathë çedar i grirë

15 ml / 1 lugë gjelle pure domate (pastë)

150 ml / ¼ pt / 2/3 filxhan qumësht

Fërkoni gjalpin ose margarinën në miell, pluhur për pjekje dhe kripë derisa përzierja të ngjajë me thërrimet e bukës. Shtoni djathin, më pas përzieni purenë e domates dhe qumështin e mjaftueshëm për të bërë një brumë të butë. Hapeni në një sipërfaqe të lyer lehtë me miell me trashësi rreth 2 cm / ¾ dhe priteni në feta me një prerës biskotash. Vendosini në një tepsi të palyer (biskota) dhe piqini biskotat (biskotat) në një furrë të parangrohur në 200°C/400°F/gaz shenjë 6 për 15 minuta derisa të marrin ngjyrë kafe të artë.

Kafshimet e djathit të dhisë

30 më parë

2 fletë pasta (makarona) filo të ngrira, të shkrira

50 g / 2 oz / ¼ filxhan gjalpë pa kripë, i shkrirë

50 g / 2 oz / ½ filxhan djathë dhie, të prerë në kubikë

5 ml / 1 lugë çaji Herbes de Provence

Lyejeni një fletë brumi filo me gjalpë të shkrirë, vendosni fletën e dytë sipër dhe lyejeni me gjalpë. Pritini në 30 katrorë të barabartë, vendosni një copë djathë mbi secilën dhe spërkatni me barishte. Bashkojini qoshet dhe kthejini të mbyllen, pastaj lyejeni sërish me gjalpë të shkrirë. Vendoseni në një tepsi të lyer me yndyrë (për biskota) dhe piqini në një furrë të parangrohur në 180°C/350°F/gaz shenjë 4 për 10 minuta derisa të jenë të freskëta dhe të arta.

Rolls proshutë dhe mustardë

Bën 16

225 g / 8 oz pastë sfoliat

30 ml / 2 lugë mustardë franceze

100 g / 4 oz / 1 filxhan proshutë të gatuar, të copëtuar

Kripë dhe piper i zi i sapo bluar

Hapeni brumin (makaronat) në një trashësi prej rreth 5 mm / ¼ inç. E lyejmë me mustardë, më pas e spërkasim me proshutën dhe e rregullojmë me kripë dhe piper. Rrokullisni brumin në një formë të gjatë sallami, më pas priteni në feta 1 ½ cm / ½ dhe vendoseni në një fletë biskotash të lagur. E pjekim në furrë të parangrohur në 220°C/425°F/gaz 7 për rreth 10 minuta derisa të fryhet dhe të marrë ngjyrë të artë.

Biskota me proshutë dhe piper

30 më parë

225 g / 8 oz / 2 gota miell të thjeshtë (të gjitha qëllimet)

15 ml / 1 lugë gjelle pluhur pjekjeje

5 ml / 1 lugë trumzë e thatë

5 ml / 1 lugë sheqer pluhur (super i imët).

2,5 ml / ½ lugë çaji xhenxhefil të bluar

Një majë arrëmyshk të grirë

Një majë sodë buke (sode buke)

Kripë dhe piper i zi i sapo bluar

50 g / 2 oz / ¼ filxhan yndyrë bimore (ghee)

50 g / 2 oz / ½ filxhan proshutë të gatuar, të copëtuar

30 ml / 2 lugë gjelle piper jeshil (zile) i grirë imët

175 ml / 6 ml oz / ¾ filxhan dhallë

Përzieni miellin, pluhurin për pjekje, trumzën, sheqerin, xhenxhefilin, arrëmyshkun, sodën, kripën dhe piperin. Fërkojeni në shkurtimin e perimeve derisa përzierja të ngjajë me thërrimet e bukës. Shtoni proshutën dhe piper. Gradualisht shtoni dhallën dhe përzieni derisa të jetë homogjene. Ziejini për disa sekonda në një sipërfaqe të lyer pak me miell derisa të jetë e qetë. Rrotulloni në trashësi 2 cm / ¾ dhe priteni në feta me një prerës për biskota. Vendosini biskotat, të ndara mirë nga njëra tjetra, në një tepsi të lyer me yndyrë (për biskotat) dhe piqini në furrë të parangrohur në temperaturën 220°C/425°F/gaz 7 për 12 minuta derisa të fryhen dhe të marrin ngjyrë të artë.

Biskota të thjeshta barishtore

Bën 8

225 g / 8 oz / 2 gota miell të thjeshtë (të gjitha qëllimet)

15 ml / 1 lugë gjelle pluhur pjekjeje

5 ml / 1 lugë sheqer pluhur (super i imët).

2.5 ml / ½ lugë kripë

50 g / 2 oz / ¼ filxhan gjalpë ose margarinë

15 ml / 1 lugë gjelle qiqra të freskëta, të prera në rripa

një majë paprika

piper i zi i sapo bluar

45 ml / 3 lugë qumësht

45 ml / 3 lugë gjelle ujë

Përziejmë miellin, pluhurin për pjekje, sheqerin dhe kripën. Lyejeni me gjalpë ose margarinë derisa përzierja të ngjajë me thërrimet e bukës. Përzieni qiqrat, paprikën dhe piperin sipas shijes. Shtoni qumështin dhe ujin dhe përziejini derisa të jetë e qetë. Ziejeni në një sipërfaqe të lyer pak me miell derisa të jetë e lëmuar, më pas hapeni në trashësi ¾/2 cm dhe priteni në feta me një prerës për biskota. Vendosni biskotat (krakerat), të ndara mirë nga njëra-tjetra, në një tepsi të lyer me yndyrë (për biskota) dhe piqini në furrë të parangrohur në 200°C/400°F/gaz shenjën 6 për 15 minuta derisa të fryhen dhe të marrin ngjyrë të artë.

biskota indiane

për 4 persona

100 g / 4 oz / 1 filxhan miell i thjeshtë (të gjitha qëllimet)

100 g / 4 oz / 1 filxhan bollgur (ajkë gruri)

175 g / 6 oz / ¾ filxhan sheqer pluhur (shumë i imët)

75 g / 3 oz / ¾ filxhan miell qiqrash

175 g / 6 oz / ¾ filxhan ghy

Përziejini të gjithë përbërësit në një tas, më pas fërkojini së bashku me pëllëmbët e duarve për të formuar një brumë të fortë. Ju mund të keni nevojë për pak më shumë ghee nëse përzierja është shumë e thatë. Formoni topa të vegjël dhe shtypni në formë biskote (biskotë). Vendoseni në një tepsi të lyer me yndyrë dhe rreshtim (biskota) dhe piqini në një furrë të parangrohur në 150°C/300°F/gaz shenjë 2 për 30 deri në 40 minuta derisa të marrin një ngjyrë të lehtë të artë. Mund të shfaqen çarje në vijën e flokëve kur gatuhen biskotat.

Lajthia dhe Shallot Break

12 më parë

75 g / 3 oz / 1/3 filxhan gjalpë ose margarinë, të zbutur

175 g / 6 oz / 1½ filxhan miell gruri integral (gruri i plotë)

10 ml / 2 lugë çaji pluhur pjekjeje

1 qepe e grirë imët

50 g / 2 oz / ½ filxhan lajthi, të copëtuara

10 ml / 2 lugë çaji paprika

15 ml / 1 lugë gjelle ujë të ftohtë

Fërkoni gjalpin ose margarinën në miell dhe pluhur pjekjeje derisa përzierja të ngjajë me thërrimet e bukës. Shtoni qepën, lajthitë dhe paprikën. Shtoni ujin e ftohtë dhe shtypni së bashku për të bërë një brumë. Hapeni dhe shtypeni në një kallaj zvicerane me role 30 x 20 cm / 12 x 8 inç dhe shpojeni të gjithë me një pirun. Shënoni në gishta. E pjekim në furrë të parangrohur në 200°C/400°F/gaz 6 për 10 minuta derisa të marrin ngjyrë të artë.

Biskota me salmon dhe kopër

12 më parë

225 g / 8 oz / 2 gota miell të thjeshtë (të gjitha qëllimet)

5 ml / 1 lugë sheqer pluhur (super i imët).

2.5 ml / ½ lugë kripë

20 ml / 4 lugë çaji pluhur pjekjeje

100 g / 4 oz / ½ filxhan gjalpë ose margarinë, të prerë në kubikë

90 ml / 6 lugë gjelle ujë

90 ml / 6 lugë qumësht

100 g / 4 oz / 1 filxhan salmon të tymosur, prerë në kubikë

60 ml / 4 lugë kopër të freskët të copëtuar (kopër)

Përziejini së bashku miellin, sheqerin, kripën dhe pluhurin për pjekje, më pas lyeni me gjalpë ose margarinë derisa masa të ngjajë me thërrimet e bukës. Gradualisht përzieni qumështin dhe ujin dhe përzieni derisa të jetë homogjene. Shtoni salmonin dhe koprën dhe përziejini derisa të jenë homogjene. Rrotulloni në trashësi 2.5 cm dhe priteni në feta me një prerës për biskota. Vendosni biskotat (krakerët) të vendosura mirë në një tepsi të lyer me yndyrë (për biskota) dhe piqini në furrë të parangrohur në 220°C/425°F/gaz mark 7 për 15 minuta derisa të fryhen dhe të marrin ngjyrë të artë.

Biskota me sode

12 më parë

45 ml / 3 lugë sallo (ghee)

225 g / 8 oz / 2 gota miell të thjeshtë (të gjitha qëllimet)

5 ml / 1 lugë çaji sodë buke (sode buke)

5 ml / 1 lugë çaji krem tartar

një majë kripë

250 ml / 8 ml oz / 1 filxhan dhallë

Lyejeni yndyrën me miell, sodë buke, ajkën e tartarit dhe kripën derisa masa të ngjajë me thërrimet e bukës. Shtoni qumështin dhe përzieni derisa të jetë e qetë. Hapeni në një sipërfaqe të lyer lehtë me miell deri në 1 cm/½ trashësi dhe priteni me prerëse për biskota. Vendosni biskotat (biskotat) në një tepsi të lyer me yndyrë (për biskota) dhe piqini në një furrë të parangrohur në 230°C / 450°F / pikë gazi 8 për 10 minuta derisa të marrin ngjyrë kafe të artë.

Grirëse domate dhe parmixhan

Bën 16

225 g / 8 oz pastë sfoliat

30 ml / 2 lugë pure domate (pastë)

100 g / 4 oz / 1 filxhan djathë parmixhano të grirë

Kripë dhe piper i zi i sapo bluar

Hapeni brumin (makaronat) në një trashësi prej rreth 5 mm / ¼ inç. E lyejmë me purenë e domates, më pas e spërkasim me djathin dhe e rregullojmë me kripë dhe piper. Rrokullisni brumin në një formë të gjatë sallami, më pas priteni në feta 1 ½ cm / ½ dhe vendoseni në një fletë biskotash të lagur. E pjekim në furrë të parangrohur në 220°C/425°F/gaz 7 për rreth 10 minuta derisa të fryhet dhe të marrë ngjyrë të artë.

Biskota me domate dhe barishte

12 më parë

225 g / 8 oz / 2 gota miell të thjeshtë (të gjitha qëllimet)

5 ml / 1 lugë sheqer pluhur (super i imët).

2.5 ml / ½ lugë kripë

40 ml / 2½ lugë pluhur pjekjeje

100 g / 4 oz / ½ filxhan gjalpë ose margarinë

30 ml / 2 lugë qumësht

30 ml / 2 lugë gjelle ujë

4 domate të pjekura, të grira, me fara dhe të prera

45 ml / 3 lugë borzilok të freskët të grirë

Përzieni miellin, sheqerin, kripën dhe pluhurin për pjekje. Lyejeni me gjalpë ose margarinë derisa përzierja të ngjajë me thërrimet e bukës. Shtoni qumështin, ujin, domatet dhe borzilokun dhe përziejini derisa të jenë të njëtrajtshme. Ziejeni për disa sekonda në një sipërfaqe të lyer pak me miell, më pas hapeni në trashësi 2,5 cm / 1 inç dhe priteni në feta me një prerës biskotash. Vendosini biskotat të ndara mirë në një tepsi të lyer me yndyrë (për biskotat) dhe piqini në furrë të parangrohur në 230°C/425°F/gaz 7 për 15 minuta derisa të fryhen dhe të marrin ngjyrë të artë.

Bukë e bardhë bazë

Bën tre bukë 450 g / 1 lb

1 oz / 25 g maja të freskët ose 2½ lugë gjelle / 40 ml maja e thatë

10 ml / 2 lugë çaji sheqer

900 ml / 1½ pikë / 3¾ gota ujë të ngrohtë

25 g / 1 oz / 2 lugë sallo (shkurtim perimesh)

1,5 kg / 3 lb / 12 gota miell të fortë për të gjitha qëllimet (bukë)

15 ml / 1 lugë gjelle kripë

Përzieni majanë me sheqerin dhe pak ujë të ngrohtë dhe lëreni në një vend të ngrohtë për 20 minuta derisa të bëhet shkumë. Fërkojeni yndyrën në miell dhe kripë, më pas shtoni përzierjen e majave dhe mjaftueshëm ujë të mbetur për ta përzier derisa të keni një brumë të fortë që del i pastër nga anët e tasit. Ziejini në një sipërfaqe të lyer pak me miell ose në procesor derisa të bëhet elastike dhe të mos ngjitet më. Vendoseni brumin në një tas të lyer me yndyrë, mbulojeni me një film ngjitës të lyer me vaj (mbështjellës plastik) dhe lëreni në një vend të ngrohtë për rreth 1 orë derisa të dyfishohet në madhësi dhe të bëhet elastik në prekje.

Ziejeni brumin përsëri derisa të jetë i fortë, ndajeni në tre dhe vendoseni në tepsi të lyer me yndyrë 450g/1lb ose formoni petë sipas dëshirës tuaj. Mbulojeni dhe lëreni në një vend të ngrohtë për rreth 40 minuta derisa brumi të ngrihet pak mbi majën e tepsisë.

I pjekim në furrë të parangrohur në 230°C/450°F/gaz 8 për 30 minuta derisa petat të fillojnë të tkurren nga anët e kallëpeve dhe të marrin ngjyrë kafe të artë dhe të forta dhe të tingëllojnë të zbrazëta kur trokitni në fund.

bagels

12 më parë

15 g / ½ oz maja e freskët ose 20 ml / 4 lugë çaji maja e thatë

5 ml / 1 lugë sheqer pluhur (super i imët).

300 ml / ½ pt / 1¼ filxhan qumësht të ngrohtë

50 g / 2 oz / ¼ filxhan gjalpë ose margarinë

450 g / 1 lb / 4 gota miell të fortë për të gjitha qëllimet (bukë)

një majë kripë

1 e verdhe veze

30 ml / 2 lugë fara lulekuqe

Përzieni majanë me sheqerin dhe pak qumësht të ngrohtë dhe lëreni në një vend të ngrohtë për 20 minuta derisa të bëhet shkumë. Fërkoni gjalpin ose margarinën në miell dhe kripë dhe bëni një pus në qendër. Shtoni përzierjen e majave, qumështin e mbetur të ngrohtë dhe të verdhën e vezës dhe përziejini derisa të jetë homogjene. Ziejeni derisa brumi të jetë elastik dhe të mos ngjitet më. Vendoseni në një tas të lyer me vaj, mbulojeni me një film të lyer me vaj (mbështjellës plastik) dhe lëreni në një vend të ngrohtë për rreth 1 orë derisa të dyfishohet në madhësi.

Ziejmë brumin lehtë dhe më pas e presim në 12 pjesë. Rrokullisni secilën në një rrip të gjatë rreth 15 cm / 6 inç të gjatë dhe rrotullojini në një unazë. Vendoseni në një tepsi të lyer me yndyrë (për biskota), mbulojeni dhe lëreni të pushojë për 15 minuta.

Lëreni një tenxhere të madhe me ujë të vlojë dhe më pas zvogëloni zjarrin në zjarr të ngadaltë. Hidheni një unazë në ujin e vluar dhe gatuajeni për 3 minuta, duke e rrotulluar një herë, më pas hiqeni dhe vendoseni në një fletë pjekjeje (cookie). Vazhdoni me bagelet e mbetura. Spërkatini bagelat me farat e lulekuqes dhe piqini në furrë të parangrohur në 230°C/450°F/gaz 8 për 20 minuta derisa të marrin ngjyrë kafe të artë.

Baps

12 më parë

1 oz / 25 g maja të freskët ose 2½ lugë gjelle / 40 ml maja e thatë

5 ml / 1 lugë sheqer pluhur (super i imët).

150 ml / ¼ pt / 2/3 filxhan qumësht të ngrohtë

50 g / 2 oz / ¼ filxhan sallo (ghee)

450 g / 1 lb / 4 gota miell të fortë për të gjitha qëllimet (bukë)

5 ml / 1 lugë çaji kripë

150 ml / ¼ pt / 2/3 filxhan ujë të ngrohtë

Përzieni majanë me sheqerin dhe pak qumësht të ngrohtë dhe lëreni në një vend të ngrohtë për 20 minuta derisa të bëhet shkumë. Fërkojeni yndyrën në miell, më pas shtoni kripën dhe bëni një pus në qendër. Shtoni përzierjen e majave, qumështin e mbetur dhe ujin dhe përzieni derisa të jetë e qetë. Ziejini derisa të bëhen elastike dhe të mos ngjiten më. Vendoseni në një tas të lyer me vaj dhe mbulojeni me një film ngjitës të lyer me vaj (mbështjellës plastik). Lëreni në një vend të ngrohtë për rreth 1 orë derisa të dyfishohet në masë.

Formoni brumin në 12 role të sheshta dhe vendoseni në një tepsi të lyer me yndyrë (për biskota). Lëreni të qëndrojë për 15 minuta.

E pjekim në furrë të parangrohur në 230°C/450°F/gaz 8 për 15-20 minuta derisa të piqen dhe të marrin ngjyrë të artë.

bukë kremoze elbi

Jep një bukë 900 g / 2 lb

15 g / ½ oz maja e freskët ose 20 ml / 4 lugë çaji maja e thatë

një majë sheqer

350 ml / 12 ml oz / 1½ filxhan ujë të ngrohtë

400 g / 14 oz / 3½ filxhan miell të fortë për të gjitha qëllimet (bukë)

175 g / 6 oz / 1½ filxhan miell elbi

një majë kripë

45 ml / 3 lugë krem i thjeshtë (i lehtë).

Përzieni majanë me sheqerin dhe pak ujë të ngrohtë dhe lëreni në një vend të ngrohtë për 20 minuta derisa të bëhet shkumë. Miellrat dhe kripën i përziejmë në një enë, shtojmë masën e majave, ajkën dhe ujin e mbetur dhe i përziejmë derisa të përftohet një brumë i fortë. Ziejini derisa të jetë e qetë dhe të mos ngjitet më. Vendoseni në një tas të lyer me vaj, mbulojeni me një film të lyer me vaj (mbështjellës plastik) dhe lëreni në një vend të ngrohtë për rreth 1 orë derisa të dyfishohet në madhësi.

Ziejini sërish lehtë, më pas formoni një tepsi të lyer me yndyrë 900g/2lb, mbulojeni dhe lëreni në një vend të ngrohtë për 40 minuta derisa brumi të ngrihet mbi buzën e tepsisë.

Piqeni në furrë të parangrohur në 220°C/425°F/shënjimi i gazit 7 për 10 minuta, më pas uleni temperaturën e furrës në 190°C/375°F/shenja e gazit 5 dhe piqini edhe për 25 minuta të tjera derisa të jenë gati. -tingulli kur goditet baza.

bukë birre

Jep një bukë 900 g / 2 lb

450 g / 1 lb / 4 gota miell që rritet vetë (maja)

5 ml / 1 lugë çaji kripë

350 ml / 12 ml oz / 1½ filxhan birre

Përziejini përbërësit derisa të përftoni një brumë të butë. Formoni në një tepsi të lyer me yndyrë 900g/2lb, mbulojeni dhe lëreni në një vend të ngrohtë për 20 minuta. Piqni në një furrë të parangrohur në 190°C/375°F/shënjimin e gazit 5 për 45 minuta derisa të marrin ngjyrë kafe të artë dhe të tingëllojë boshe kur trokitni fundin.

bukë kafe boston

Bën tre bukë 450 g / 1 lb

100 g / 4 oz / 1 filxhan miell thekre

100 g / 4 oz / 1 filxhan miell misri

100 g / 4 oz / 1 filxhan miell gruri integral (gruri integral)

5 ml / 1 lugë çaji sodë buke (sode buke)

5 ml / 1 lugë çaji kripë

250 g / 9 oz / ¾ filxhan melasa me rrip të zi (melasë)

500 ml / 16 ml oz / 2 gota dhallë

175 g / 6 oz / 1 filxhan rrush të thatë

Përziejini përbërësit e thatë, më pas shtoni melasën, dhallën dhe rrushin e thatë dhe përziejini derisa të jenë të njëtrajtshme. Hidheni masën në tre enë pudingash të lyer me yndyrë 450g/1lb, mbulojeni me letër pergamene (dylli) dhe letër alumini dhe lidheni me fije për të mbyllur majat. Vendoseni në një tenxhere të madhe dhe mbushni me ujë të mjaftueshëm të nxehtë deri në gjysmën e anëve të tasave. E vëmë ujin të vlojë, e mbulojmë tenxheren dhe e ziejmë për 2 1/2 orë duke e mbushur me ujë të valuar sipas nevojës. Hiqni enët nga tigani dhe lërini të ftohen pak. Shërbejeni të nxehtë me gjalpë.

tenxhere me krunde

3 më parë

1 oz / 25 g maja të freskët ose 2½ lugë gjelle / 40 ml maja e thatë

5 ml / 1 lugë çaji sheqer

600 ml / 1 pt / 2½ gota ujë të ngrohtë

675 g / 1½ lb / 6 gota miell gruri integral (gruri integral)

25 g / 1 oz / ¼ filxhan miell soje

5 ml / 1 lugë çaji kripë

50 g / 2 oz / 1 filxhan krunde

qumësht për të glazurë

45 ml / 3 lugë grurë të grirë

Do t'ju duhen tre enë balte të reja të pastra 5/13 cm. I lyejmë mirë dhe i pjekim në furrë të nxehtë për 30 minuta që të mos thyhen.

Përziejmë majanë me sheqerin dhe pak ujë të ngrohtë dhe e lëmë të qëndrojë derisa të bëhet shkumë. Përzieni miellin, kripën dhe krundet dhe bëni një vrimë në qendër. Përzieni përzierjen e ujit të ngrohtë me maja dhe gatuajeni në një brumë të fortë. Vendoseni në një sipërfaqe të lyer me miell dhe ziejini për rreth 10 minuta derisa të jenë të lëmuara dhe elastike. Përndryshe, mund ta bëni këtë në një përpunues ushqimi. E vendosim brumin në një tas të pastër, e mbulojmë me një film ngjitës të lyer me vaj (mbështjellës plastik) dhe e lëmë në një vend të ngrohtë të rritet për rreth 1 orë derisa të dyfishohet në masë.

Vendoseni në një sipërfaqe të lyer me miell dhe gatuajeni përsëri për 10 minuta. Formoni tre tenxhere të lyera me yndyrë, mbulojeni dhe lëreni të pushojë për 45 minuta derisa brumi të ngrihet mbi tenxhere.

Brumin e lyejmë me qumësht dhe e spërkasim me grurin e plasaritur. E pjekim në furrë të parangrohur në 230°C/450°F/gaz 8 për 15 minuta. Uleni temperaturën e furrës në 200°C / 400°F /

shenjën e gazit 6 dhe piqni edhe për 30 minuta të tjera derisa të ngrihen mirë dhe të forcohen. Fikeni dhe lëreni të ftohet.

rrotullat e gjalpit

12 më parë

450 g / 1 lb brumë bazë për bukë të bardhë

100 g / 4 oz / ½ filxhan gjalpë ose margarinë, të prerë në kubikë

Bëni brumin e bukës dhe lëreni të rritet derisa të dyfishohet në madhësi dhe të jetë elastik në prekje.

Ziejmë përsëri brumin dhe punojmë me gjalpin ose margarinën. Formojini në 12 role dhe vendosini të ndarë mirë në një tepsi të lyer me yndyrë (për biskota). Mbulojeni me film ngjitës të lyer me vaj (mbështjellës plastik) dhe lëreni në një vend të ngrohtë për rreth 1 orë derisa të dyfishohet në madhësi.

Piqni në një furrë të parangrohur në 230°C/450°F/gaz 8 për 20 minuta derisa të marrin ngjyrë kafe të artë dhe të tingëllojë e zbrazët kur trokitni fundin.

bukë dhallë

Jep një bukë 1½ lb / 675 g

450 g / 1 lb / 4 gota miell të thjeshtë (të gjitha qëllimet)

5 ml / 1 lugë çaji krem tartar

5 ml / 1 lugë çaji sodë buke (sode buke)

250 ml / 8 ml oz / 1 filxhan dhallë

Përzieni miellin, ajkën e tartarit dhe sodën e bukës në një tas dhe bëni një pus në qendër. Shtoni mjaft dhallë për ta përzier derisa të jetë homogjene. Formoni në formë të rrumbullakët dhe vendoseni në një tepsi të lyer me yndyrë (për biskotat). Piqeni në furrë të parangrohur në 220°C/425°F/gaz 7 për 20 minuta derisa të ngrihen mirë dhe të marrin ngjyrë të artë.

bukë misri kanadez

Krijon një shirit 23 cm / 9 inç

150 g / 5 oz / 1¼ filxhan miell të thjeshtë (të gjitha qëllimet)

75 g / 3 oz / ¾ filxhan miell misri

15 ml / 1 lugë gjelle pluhur pjekjeje

2.5 ml / ½ lugë kripë

100 g / 4oz / 1/3 filxhan shurup panje

100 g / 4 oz / ½ filxhan sallo (shkurtim perimesh), i shkrirë

2 vezë të rrahura

Përziejini përbërësit e thatë së bashku, më pas përzieni shurupin, sallin dhe vezët dhe përzieni derisa të përzihen mirë. Hidheni në një tavë të lyer me yndyrë 23 cm / 9 (kallaj) dhe piqeni në furrë të nxehur më parë në 220°C / 425°F / pikë gazi 7 për 25 minuta derisa të ngrihet mirë dhe të marrë ngjyrë të artë dhe të fillojë të tkurret nga anët. Nga kanaçe.

rrotulla kornish

12 më parë

1 oz / 25 g maja të freskët ose 2½ lugë gjelle / 40 ml maja e thatë

15 ml / 1 lugë gjelle sheqer pluhur (superfin).

300 ml / ½ pt / 1¼ filxhan qumësht të ngrohtë

50 g / 2 oz / ¼ filxhan gjalpë ose margarinë

450 g / 1 lb / 4 gota miell të fortë për të gjitha qëllimet (bukë)

një majë kripë

Përzieni majanë me sheqerin dhe pak qumësht të ngrohtë dhe lëreni në një vend të ngrohtë për 20 minuta derisa të bëhet shkumë. Fërkoni gjalpin ose margarinën në miell dhe kripë dhe bëni një pus në qendër. Shtoni përzierjen e majave dhe qumështin e mbetur dhe përziejini derisa të jetë e qetë. Ziejini derisa të bëhen elastike dhe të mos ngjiten më. Vendoseni në një tas të lyer me vaj dhe mbulojeni me një film ngjitës të lyer me vaj (mbështjellës plastik). Lëreni në një vend të ngrohtë për rreth 1 orë derisa të dyfishohet në masë.

Formoni brumin në 12 role të sheshta dhe vendoseni në një tepsi të lyer me yndyrë (për biskota). Mbulojeni me film transparent të lyer me vaj dhe lëreni të pushojë për 15 minuta.

E pjekim në furrë të parangrohur në 230°C/450°F/gaz 8 për 15-20 minuta derisa të piqen dhe të marrin ngjyrë të artë.

Bukë e sheshtë fshati

Bën gjashtë bukë të vogla

10 ml / 2 lugë çaji maja e thatë

15 ml / 1 lugë mjaltë e lehtë

120 ml / 4 ml oz / ½ filxhan ujë të ngrohtë

350 g / 12 oz / 3 gota miell të fortë për të gjitha qëllimet (bukë)

5 ml / 1 lugë çaji kripë

50 g / 2 oz / ¼ filxhan gjalpë ose margarinë

5 ml / 1 lugë çaji fara qimnon

5 ml / 1 lugë çaji koriandër të bluar

5 ml / 1 lugë kardamom i bluar

120 ml / 4 ml oz / ½ filxhan qumësht të ngrohtë

60 ml / 4 lugë fara susami

Përzieni majanë dhe mjaltin me 45 ml/3 lugë ujë të vakët dhe 15 ml/1 lugë miell dhe lëreni për rreth 20 minuta në një vend të ngrohtë derisa të bëhet shkumë. Përzieni miellin e mbetur me kripën, më pas lyeni me gjalpin ose margarinën dhe shtoni farat e qimnotit, koriandrin dhe kardamonin dhe bëni një pus në qendër. Shtoni përzierjen e majave, ujin e mbetur dhe qumështin e mjaftueshëm për të bërë një brumë të butë. Ziejini mirë derisa të forcohen dhe të mos ngjiten më. Vendoseni në një tas të lyer me vaj, mbulojeni me një film të lyer me vaj (mbështjellës plastik) dhe lëreni në një vend të ngrohtë për rreth 30 minuta derisa të dyfishohet në madhësi.

Ziejeni përsëri brumin, më pas formoni ëmbëlsira të sheshta. Vendoseni në një tepsi të lyer me yndyrë (për biskota) dhe lyeni me qumësht. Spërkateni me farat e susamit. Mbulojeni me film transparent të lyer me vaj dhe lëreni të pushojë për 15 minuta.

E pjekim në furrë të parangrohur në 200°C/400°F/gaz 6 për 30 minuta derisa të marrin ngjyrë kafe të artë.

Gërsheti i farës së lulekuqes

Jep një bukë 450 g / 1 lb

275 g / 10 oz / 2½ filxhan miell të thjeshtë (të gjitha qëllimet)

25 g / 1 oz / 2 lugë sheqer pluhur (shumë i imët)

5 ml / 1 lugë çaji kripë

10 ml / 2 lugë çaji maja e thatë përzihet lehtë

175 ml / 6 ml oz / ¾ filxhan qumësht

25 g / 1 oz / 2 lugë gjelle gjalpë ose margarinë

1 vezë

Pak qumësht ose e bardhë veze për lustrim

30 ml / 2 lugë fara lulekuqe

Përzieni miellin, sheqerin, kripën dhe majanë. Ngrohim qumështin me gjalpin ose margarinën, më pas përziejmë me miellin me vezën dhe e përziejmë derisa të përftohet një brumë i fortë. Ziejini derisa të bëhen elastike dhe të mos ngjiten më. Vendoseni në një tas të lyer me vaj, mbulojeni me një film të lyer me vaj (mbështjellës plastik) dhe lëreni në një vend të ngrohtë për rreth 1 orë derisa të dyfishohet në madhësi.

Ziejini sërish dhe formoni tre salsiçe me gjatësi rreth 20 cm. Lagni një skaj të çdo shiriti dhe shtypni së bashku, më pas lidhni shiritat së bashku, lagni dhe mbyllni skajet. Vendoseni në një tepsi të lyer me yndyrë (biskotë), mbulojeni me një film të lyer me yndyrë dhe lëreni të pushojë për rreth 40 minuta derisa të dyfishohet në madhësi.

Lyejeni me qumësht ose të bardhë veze dhe spërkatni me farat e lulekuqes. E pjekim në furrë të parangrohur në 190°C/375°F/gaz 5 për rreth 45 minuta derisa të marrin ngjyrë kafe të artë.

Buka integrale e vendit

Bën dy bukë 450 g / 1 lb

20 ml / 4 lugë çaji maja e thatë

5 ml / 1 lugë sheqer pluhur (super i imët).

600 ml / 1 pt / 2½ gota ujë të ngrohtë

25 g / 1 oz / 2 lugë gjelle yndyrë bimore (ghee)

800 g / 1¾ lb / 7 gota miell gruri integral (gruri integral)

10 ml / 2 lugë çaji kripë

10 ml / 2 lugë çaji ekstrakt malti

1 vezë e rrahur

25 g / 1 oz / ¼ filxhan grurë të grirë

Përzieni majanë me sheqerin dhe pak ujë të ngrohtë dhe lëreni për rreth 20 minuta derisa të bëhet shkumë. Fërkojeni yndyrën me miellin, kripën dhe ekstraktin e maltit dhe bëni një pus në qendër. Shtoni masën e majave dhe ujin e mbetur të ngrohtë dhe përzieni derisa të keni një brumë të butë. Ziejini mirë derisa të bëhen elastike dhe të mos ngjiten më. Vendoseni në një tas të lyer me vaj, mbulojeni me një film të lyer me vaj (mbështjellës plastik) dhe lëreni në një vend të ngrohtë për rreth 1 orë derisa të dyfishohet në madhësi.

Ziejeni përsëri brumin dhe formoni dy tepsi (tepsi për kifle) të lyer me yndyrë 450g/1lb. Lëreni të ngrihet në një vend të ngrohtë për rreth 40 minuta derisa brumi të ngrihet pak mbi majën e tepsisë.

Lyejini bujarisht majat e simiteve me vezë dhe spërkatini me grurë të grirë. Piqni në furrë të parangrohur në 230°C/450°F/gaz 8 për rreth 30 minuta derisa të marrin ngjyrë kafe të artë dhe të tingëllojë e zbrazët kur trokitni fundin.

gërshetat me kerri

Bën dy bukë 450 g / 1 lb

120 ml / 4 ml oz / ½ filxhan ujë të ngrohtë

30 ml / 2 lugë maja e thatë

225 g / 8 oz / 2/3 filxhan mjaltë të lehtë

25 g / 1 oz / 2 lugë gjelle gjalpë ose margarinë

30 ml / 2 lugë gjelle pluhur kerri

675 g / 1½ lb / 6 gota miell të thjeshtë (të gjitha qëllimet)

10 ml / 2 lugë çaji kripë

450 ml / ¾ pt / 2 gota dhallë

1 vezë

10 ml / 2 lugë çaji ujë

45 ml / 3 lugë bajame të grira (të prera)

Përzieni ujin me majanë dhe 5 ml/1 lugë mjaltë dhe lëreni të qëndrojë për 20 minuta derisa të bëhet shkumë. Shkrini gjalpin ose margarinën, më pas shtoni pluhurin e karrit dhe ziejini për 1 minutë. Shtoni pjesën tjetër të mjaltit dhe hiqeni nga zjarri. Vendosni gjysmën e miellit dhe kripës në një tas dhe bëni një pus në qendër. Shtoni përzierjen e majave, përzierjen e mjaltit dhe dhallën dhe gradualisht shtoni miellin e mbetur ndërsa përzieni derisa të keni një brumë të butë. Ziejeni derisa të jetë e qetë dhe elastike. Vendoseni në një enë të lyer me yndyrë, mbulojeni me një film të lyer me vaj dhe lëreni në një vend të ngrohtë për rreth 1 orë derisa të dyfishohet në madhësi.

Ziejeni përsëri dhe ndani brumin në gjysmë. Pritini çdo pjesë në tre dhe rrotulloni në 20 cm / 8 në formën e një salsiçe. Lagni një skaj të çdo shiriti dhe shtypni së bashku në dy tufa nga tre për t'u mbyllur. Gërshtojini dy grupet e shiritave dhe mbyllni skajet. Vendoseni në një tepsi të lyer me yndyrë (për biskota), mbulojeni me një film të lyer me yndyrë (mbështjellës plastik) dhe lëreni të pushojë për rreth 40 minuta derisa të dyfishohet në madhësi.

Rrahim vezën me ujin dhe lyejmë bukën, më pas spërkasim me bajame. Piqeni në furrë të parangrohur në 190°C/375°F/gaz 5 për 40 minuta derisa të marrin ngjyrë kafe të artë dhe të tingëllojë e zbrazët kur trokitni fundin.

devoni ndahet

12 më parë

1 oz / 25 g maja të freskët ose 2½ lugë gjelle / 40 ml maja e thatë

5 ml / 1 lugë sheqer pluhur (super i imët).

150 ml / ¼ pt / 2/3 filxhan qumësht të ngrohtë

50 g / 2 oz / ¼ filxhan gjalpë ose margarinë

450 g / 1 lb / 4 gota miell të fortë për të gjitha qëllimet (bukë)

150 ml / ¼ pt / 2/3 filxhan ujë të ngrohtë

Përzieni majanë me sheqerin dhe pak qumësht të ngrohtë dhe lëreni në një vend të ngrohtë për 20 minuta derisa të bëhet shkumë. Fërkoni gjalpin ose margarinën në miell dhe bëni një pus në qendër. Shtoni përzierjen e majave, qumështin e mbetur dhe ujin dhe përzieni derisa të jetë e qetë. Ziejini derisa të bëhen elastike dhe të mos ngjiten më. Vendoseni në një tas të lyer me vaj dhe mbulojeni me një film ngjitës të lyer me vaj (mbështjellës plastik). Lëreni në një vend të ngrohtë për rreth 1 orë derisa të dyfishohet në masë.

Formoni brumin në 12 role të sheshta dhe vendoseni në një tepsi të lyer me yndyrë (për biskota). Lëreni të qëndrojë për 15 minuta. E pjekim në furrë të parangrohur në 230°C/450°F/gaz 8 për 15 deri në 20 minuta derisa të ngrihen mirë dhe të marrin ngjyrë të artë.

Bukë me embrion gruri me fruta

Jep një bukë 900 g / 2 lb

225 g / 8 oz / 2 gota miell të thjeshtë (të gjitha qëllimet)

5 ml / 1 lugë çaji kripë

5 ml / 1 lugë çaji sodë buke (sode buke)

5 ml / 1 lugë çaji pluhur pjekjeje

175 g / 6 oz / 1½ filxhan embrion gruri

100 g / 4 oz / 1 filxhan miell misri

100 g / 4 oz / 1 filxhan tërshërë të mbështjellë

350 g / 12 oz / 2 gota sulltane (rrush të thatë)

1 vezë e rrahur lehtë

250 ml / 8 ml oz / 1 filxhan kos të thjeshtë

150 ml / ¼ pt / 2/3 filxhan melasë të zezë (melasë)

60 ml / 4 lugë shurup i artë (misër i lehtë)

30 ml / 2 lugë vaj

Përziejini përbërësit e thatë dhe sulltanat dhe bëni një pus në qendër. Përziejini së bashku vezën, kosin, melasën, shurupin dhe vajin, më pas shtoni përbërësit e thatë dhe përziejini derisa të jenë të njëtrajtshme. Formoni në një tavë (kallaj) të lyer me yndyrë 900g/2lb dhe piqini në furrë të parangrohur në 180°C/350°F/gaz shenjë 4 për 1 orë derisa të jetë e fortë në prekje. Lëreni të ftohet në tepsi për 10 minuta përpara se ta transferoni në një raft teli për të përfunduar ftohjen.

Gërshetat e qumështit me fruta

Bën dy bukë 450 g / 1 lb

15 g / ½ oz maja e freskët ose 20 ml / 4 lugë çaji maja e thatë

5 ml / 1 lugë sheqer pluhur (super i imët).

450 ml / ¾ pt / 2 gota qumësht të ngrohtë

50 g / 2 oz / ¼ filxhan gjalpë ose margarinë

675 g / 1½ lb / 6 gota miell të thjeshtë (të gjitha qëllimet)

një majë kripë

100 g / 4 oz / 2/3 filxhan rrush të thatë

25 g / 1 oz / 3 lugë gjelle rrush pa fara

25 g / 1 oz / 3 lugë gjelle lëvore të përzier (të sheqerosur) të copëtuar

qumësht për të glazurë

Përzieni majanë me sheqerin dhe pak qumësht të ngrohtë. Lëreni të qëndrojë në një vend të ngrohtë për rreth 20 minuta derisa të bëhet shkumë. Fërkoni gjalpin ose margarinën në miell dhe kripë, shtoni rrushin e thatë, rrush pa fara dhe lëkurën e përzier dhe bëni një pus në qendër. Përzieni përzierjen e mbetur të qumështit dhe majasë së bashku dhe gatuajeni në një brumë të lëmuar, por jo ngjitës. Vendoseni në një tas të lyer me vaj dhe mbulojeni me një film ngjitës të lyer me vaj (mbështjellës plastik). Lëreni në një vend të ngrohtë për rreth 1 orë derisa të dyfishohet në masë.

Përziejini sërish lehtë, më pas ndajeni në gjysmë. Ndani çdo gjysmë në tre dhe rrotullojeni në formë sallami. Lagni njërën skaj të secilës role dhe shtypni butësisht tre, më pas gërshetoni brumin, lagni dhe mbyllni skajet. Përsëriteni me gërshetin tjetër të brumit. Vendoseni në një tepsi të lyer me yndyrë (për biskota), mbulojeni me një film të lyer me yndyrë (mbështjellës plastik) dhe lëreni të pushojë për rreth 15 minuta.

Lyejeni me pak qumësht, më pas piqini në furrë të parangrohur në 200°C/400°F/gaz 6 për 30 minuta derisa të marrin ngjyrë kafe të artë dhe të tingëllojë e zbrazët kur trokitni fundin.

bukë hambare

Bën dy bukë 900 g / 2 lb

1 oz / 25 g maja të freskët ose 2½ lugë gjelle / 40 ml maja e thatë

5 ml / 1 lugë çaji mjaltë

450 ml / ¾ pt / 2 gota ujë të ngrohtë

350 g / 12 oz / 3 gota miell hambare

350 g / 12 oz / 3 gota miell gruri integral (gruri integral)

15 ml / 1 lugë gjelle kripë

15 g / ½ oz / 1 lugë gjelle gjalpë ose margarinë

Përzieni majanë me mjaltin dhe pak ujë të ngrohtë dhe lëreni në një vend të ngrohtë për rreth 20 minuta derisa të bëhet shkumë. Përziejmë miellrat dhe kripën dhe lyejmë me gjalpë ose margarinë. Hidhni përzierjen e majave dhe ujin e ngrohtë për të bërë një brumë të butë. Ziejini në një sipërfaqe të lyer pak me miell derisa të jetë e lëmuar dhe të mos ngjitet më. Vendoseni në një tas të lyer me vaj, mbulojeni me një film të lyer me vaj (mbështjellës plastik) dhe lëreni në një vend të ngrohtë për rreth 1 orë derisa të dyfishohet në madhësi.

Ziejini përsëri dhe formoni dy tepsi të lyer me yndyrë 900g/2lb. Mbulojeni me një film të lyer me yndyrë dhe lëreni të pushojë derisa brumi të ngjitet në majë të tepsisë.

Piqni në furrë të parangrohur në 220°C/425°F/gaz 7 për 25 minuta derisa të marrin ngjyrë kafe të artë dhe të tingëllojë e zbrazët kur trokitni fundin.

rrotullat e hambarit

12 më parë

15 g / ½ oz maja e freskët ose 20 ml / 2½ lugë maja e thatë

5 ml / 1 lugë sheqer pluhur (super i imët).

300 ml / ½ pt / 1¼ filxhan ujë të vakët

450 g / 1 lb / 4 gota miell hambare

5 ml / 1 lugë çaji kripë

5 ml / 1 lugë ekstrakt malti

30 ml / 2 lugë grurë të grirë

Përzieni majanë me sheqerin dhe pak ujë të ngrohtë dhe lëreni në një vend të ngrohtë derisa të bëhet shkumë. Përzieni miellin dhe kripën, më pas përzieni përzierjen e majave, ujin e mbetur të ngrohtë dhe ekstraktin e maltit. Ziejini në një sipërfaqe të lyer pak me miell derisa të jetë e lëmuar dhe elastike. Vendoseni në një tas të lyer me vaj, mbulojeni me një film të lyer me vaj (mbështjellës plastik) dhe lëreni në një vend të ngrohtë për rreth 1 orë derisa të dyfishohet në madhësi.

Ziejini lehtë, më pas formoni role dhe vendosini në një tepsi të lyer me yndyrë (për biskotat). Lyejeni me ujë dhe spërkatni me grurë të plasaritur. Mbulojeni me një film të lyer me vaj dhe lëreni në një vend të ngrohtë për rreth 40 minuta derisa të dyfishohet në masë.

Piqeni në një furrë të parangrohur në 220°C/425°F/gaz shenjë 7 për 10 deri në 15 minuta derisa të tingëllojë bosh kur trokitni në fund.

Bukë hambari me lajthi

Jep një bukë 900 g / 2 lb

15 g / ½ oz maja e freskët ose 20 ml / 4 lugë çaji maja e thatë

5 ml / 1 lugë çaji sheqer kafe të butë

450 ml / ¾ pt / 2 gota ujë të ngrohtë

450 g / 1 lb / 4 gota miell hambare

175 g / 6 oz / 1½ filxhan miell të fortë për të gjitha qëllimet (bukë)

5 ml / 1 lugë çaji kripë

15 ml / 1 lugë gjelle vaj ulliri

100 g / 4 oz / 1 filxhan lajthi, të prera në mënyrë të trashë

Përzieni majanë me sheqerin dhe pak ujë të ngrohtë dhe lëreni në një vend të ngrohtë për 20 minuta derisa të bëhet shkumë. Në një enë bashkojmë miellrat dhe kripën, shtojmë masën e majave, vajin dhe ujin e vakët të mbetur dhe i përziejmë derisa të përftohet një brumë i fortë. Ziejini derisa të jetë e qetë dhe të mos ngjitet më. Vendoseni në një tas të lyer me vaj, mbulojeni me një film të lyer me vaj (mbështjellës plastik) dhe lëreni në një vend të ngrohtë për rreth 1 orë derisa të dyfishohet në madhësi.

Përziejini sërish lehtë dhe lyeni arrat, më pas formësoni në një tepsi të lyer me yndyrë 900 gr/2 lb, mbulojeni me një film ngjitës të lyer me yndyrë dhe lëreni në një vend të ngrohtë për 30 minuta derisa brumi të ngrihet lart mbi buzën e kallëpit.

Piqeni në një furrë të parangrohur në 220°C/425°F/gaz 7 për 30 minuta derisa të marrin ngjyrë kafe të artë dhe të tingëllojë e zbrazët kur trokitni fundin.

Grissini

12 më parë

1 oz / 25 g maja të freskët ose 2½ lugë gjelle / 40 ml maja e thatë

15 ml / 1 lugë gjelle sheqer pluhur (superfin).

120 ml / 4 ml oz / ½ filxhan qumësht të ngrohtë

25 g / 1 oz / 2 lugë gjelle gjalpë ose margarinë

450 g / 1 lb / 4 gota miell të fortë për të gjitha qëllimet (bukë)

10 ml / 2 lugë çaji kripë

Përzieni majanë me 5 ml/1 lugë çaji sheqer dhe pak qumësht të vakët dhe lëreni në një vend të ngrohtë për 20 minuta derisa të bëhet shkumë. Shkrini gjalpin dhe sheqerin e mbetur në qumështin e mbetur të ngrohtë. Vendosni miellin dhe kripën në një tas dhe bëni një pus në qendër. Hidhni përzierjen e majave dhe qumështit dhe përzieni për të bërë një brumë të lagësht. Ziejeni derisa të jetë e qetë. Vendoseni në një tas të lyer me vaj, mbulojeni me një film të lyer me vaj (mbështjellës plastik) dhe lëreni në një vend të ngrohtë për rreth 1 orë derisa të dyfishohet në madhësi.

Ziejini lehtë, më pas ndajini në 12 dhe hapini në shkopinj të gjatë të hollë dhe vendosini, të vendosura larg njëri-tjetrit, në një tepsi të lyer me yndyrë (për biskota). Mbulojeni me film transparent të lyer me vaj dhe lëreni në një vend të ngrohtë për 20 minuta.

Lyejeni bukën me furçë me ujë, më pas piqini në furrë të parangrohur në 220°C/425°F/gaz 7 për 10 minuta, më pas uleni temperaturën e furrës në 180°C/350°F/shenja e gazit 4 dhe piqini edhe për 20 minuta të tjera. deri sa të jenë të freskëta.

bishtalec kulture

Jep një bukë 550 g / 1¼ £

1 oz / 25 g maja të freskët ose 2½ lugë gjelle / 40 ml maja e thatë

25 g / 1 oz / 2 lugë sheqer pluhur (shumë i imët)

150 ml / ¼ pt / 2/3 filxhan qumësht të ngrohtë

50 g / 2 oz / ¼ filxhan gjalpë ose margarinë, të shkrirë

1 vezë e rrahur

450 g / 1 lb / 4 gota miell të thjeshtë (të gjitha qëllimet)

një majë kripë

30 ml / 2 lugë rrush pa fara

2,5 ml / ½ lugë çaji kanellë të bluar

5 ml / 1 lugë gjelle lëvozhgë limoni të grirë

qumësht për të glazurë

Përzieni majanë me 2,5 ml/½ lugë çaji sheqer dhe pak qumësht të ngrohtë dhe lëreni në një vend të ngrohtë për rreth 20 minuta derisa të bëhet shkumë. Përzieni pjesën tjetër të qumështit me gjalpin ose margarinën dhe lëreni të ftohet pak. Shtoni vezën. Vendosni pjesën tjetër të përbërësve në një tas dhe bëni një pus në qendër. Shtoni përzierjen e qumështit dhe majasë dhe përziejini derisa të jenë homogjene. Ziejini derisa të bëhen elastike dhe të mos ngjiten më. Vendoseni në një tas të lyer me vaj dhe mbulojeni me një film ngjitës të lyer me vaj (mbështjellës plastik). Lëreni në një vend të ngrohtë për rreth 1 orë derisa të dyfishohet në masë.

Ndani brumin në tre dhe rrotullojeni në shirita. Lagni njërën skaj të çdo shiriti dhe mbyllni skajet së bashku, më pas gërshetoni dhe njomet dhe fiksoni skajet e tjera. Vendoseni në një tepsi të lyer me yndyrë (për biskota), mbulojeni me një film të lyer me vaj dhe lëreni në një vend të ngrohtë për 15 minuta.

Lyejeni me pak qumësht dhe piqini në furrë të parangrohur në 220°C/425°F/gaz 7 për 15-20 minuta derisa të marrin ngjyrë kafe të artë dhe të tingëllojë e zbrazët kur trokitni fundin.

bukë qumështi

Bën dy bukë 450 g / 1 lb

15 g / ½ oz maja e freskët ose 20 ml / 4 lugë çaji maja e thatë

5 ml / 1 lugë sheqer pluhur (super i imët).

450 ml / ¾ pt / 2 gota qumësht të ngrohtë

50 g / 2 oz / ¼ filxhan gjalpë ose margarinë

675 g / 1½ lb / 6 gota miell të thjeshtë (të gjitha qëllimet)

një majë kripë

qumësht për të glazurë

Përzieni majanë me sheqerin dhe pak qumësht të ngrohtë. Lëreni të qëndrojë në një vend të ngrohtë për rreth 20 minuta derisa të bëhet shkumë. Fërkoni gjalpin ose margarinën në miell dhe kripë dhe bëni një pus në qendër. Përzieni përzierjen e mbetur të qumështit dhe majasë së bashku dhe gatuajeni në një brumë të lëmuar, por jo ngjitës. Vendoseni në një tas të lyer me vaj dhe mbulojeni me një film ngjitës të lyer me vaj (mbështjellës plastik). Lëreni në një vend të ngrohtë për rreth 1 orë derisa të dyfishohet në masë.

Ziejeni përsëri lehtë, më pas ndajeni masën midis dy tavave (kifleve) të lyer me yndyrë 450g/1lb, mbulojeni me një film të lyer me yndyrë dhe lëreni të ngrihet për rreth 15 minuta derisa brumi të jetë pak mbi pjesën e poshtme të kallëpeve.

Lyejeni me pak qumësht, më pas piqini në furrë të parangrohur në 200°C/400°F/gaz 6 për 30 minuta derisa të marrin ngjyrë kafe të artë dhe të tingëllojë e zbrazët kur trokitni fundin.

bukë frutash me qumësht

Bën dy bukë 450 g / 1 lb

15 g / ½ oz maja e freskët ose 20 ml / 4 lugë çaji maja e thatë

5 ml / 1 lugë sheqer pluhur (super i imët).

450 ml / ¾ pt / 2 gota qumësht të ngrohtë

50 g / 2 oz / ¼ filxhan gjalpë ose margarinë

675 g / 1½ lb / 6 gota miell të thjeshtë (të gjitha qëllimet)

një majë kripë

100 g / 4 oz / 2/3 filxhan rrush të thatë

qumësht për të glazurë

Përzieni majanë me sheqerin dhe pak qumësht të ngrohtë. Lëreni të qëndrojë në një vend të ngrohtë për rreth 20 minuta derisa të bëhet shkumë. Lyejeni gjalpin ose margarinën me miellin dhe kripën, shtoni rrushin e thatë dhe bëni një pus në qendër. Përzieni përzierjen e mbetur të qumështit dhe majasë së bashku dhe gatuajeni në një brumë të lëmuar, por jo ngjitës. Vendoseni në një tas të lyer me vaj dhe mbulojeni me një film ngjitës të lyer me vaj (mbështjellës plastik). Lëreni në një vend të ngrohtë për rreth 1 orë derisa të dyfishohet në masë.

Ziejeni përsëri lehtë, më pas ndajeni masën midis dy tavave (kifleve) të lyer me yndyrë 450g/1lb, mbulojeni me një film të lyer me yndyrë dhe lëreni të ngrihet për rreth 15 minuta derisa brumi të jetë pak mbi pjesën e poshtme të kallëpeve.

Lyejeni me pak qumësht, më pas piqini në furrë të parangrohur në 200°C/400°F/gaz 6 për 30 minuta derisa të marrin ngjyrë kafe të artë dhe të tingëllojë e zbrazët kur trokitni fundin.

bukë lavdi e mëngjesit

Bën dy bukë 450 g / 1 lb

100 g / 4 oz / 1 filxhan kokrra gruri të plotë

15 ml / 1 lugë ekstrakt malti

450 ml / ¾ pt / 2 gota ujë të ngrohtë

1 oz / 25 g maja të freskët ose 2½ lugë gjelle / 40 ml maja e thatë

30 ml / 2 lugë mjaltë të lehtë

25 g / 1 oz / 2 lugë gjelle yndyrë bimore (ghee)

675 g / 1½ lb / 6 gota miell gruri integral (gruri integral)

25 g / 1 oz / ¼ filxhan qumësht të thatë (qumësht i skremuar pluhur)

5 ml / 1 lugë çaji kripë

Thithni kokrrat e grurit dhe ekstraktin e maltit në ujë të vakët gjatë natës.

Përzieni majanë me pak ujë të ngrohtë dhe 5 ml/1 lugë çaji mjaltë. Lëreni në një vend të ngrohtë për rreth 20 minuta derisa të bëhet shkumë. Fërkoni yndyrën me miellin, qumështin pluhur dhe kripën dhe bëni një pus në qendër. Shtoni përzierjen e majave, mjaltin e mbetur dhe përzierjen e grurit dhe përzieni derisa të formohet brumi. Ziejini mirë derisa të jetë e qetë dhe të mos ngjitet më. Vendoseni në një tas të lyer me vaj, mbulojeni me një film të lyer me vaj (mbështjellës plastik) dhe lëreni në një vend të ngrohtë për rreth 1 orë derisa të dyfishohet në madhësi.

Ziejeni përsëri brumin, më pas formoni dy tepsi të lyer me yndyrë 450g/1lb (tepsi për bukë). Mbulojeni me film ushqimor të lyer me vaj dhe lëreni në një vend të ngrohtë për 40 minuta derisa brumi të ngrihet pak mbi majën e kallëpeve.

Piqeni në furrë të parangrohur në 200°C/425°F/gaz 7 për rreth 25 minuta derisa të ngrihet mirë dhe të tingëllojë bosh kur trokitni fundin.

bukë kifle

Bën dy bukë 900 g / 2 lb

300 g / 10 oz / 2½ filxhan miell gruri të plotë (gruri i plotë)

300 g / 10 oz / 2½ filxhan miell të thjeshtë (të gjitha qëllimet)

40 ml / 2½ lugë maja e thatë

15 ml / 1 lugë gjelle sheqer pluhur (superfin).

10 ml / 2 lugë çaji kripë

500 ml / 17 ml oz / 2¼ filxhan qumësht të ngrohtë

2,5 ml / ½ lugë çaji sodë buke (sode buke)

15 ml / 1 lugë gjelle ujë të ngrohtë

Përzieni miellrat. Vendosni 350 g / 12 oz / 3 gota miell të përzier në një tas dhe përzieni së bashku majanë, sheqerin dhe kripën. Shtoni qumështin dhe rrihni derisa të jetë e qetë. Përzieni sodën e bukës dhe ujin dhe përzieni brumin me miellin e mbetur. Ndani përzierjen midis dy tavave të lyer me yndyrë 900g/2lb (kifle), mbulojeni dhe lëreni të rritet për rreth 1 orë derisa të dyfishohet në madhësi.

E pjekim në furrë të parangrohur në 190°C/375°F/gaz 5 për 1¼ orë derisa të ngrihen mirë dhe të marrin ngjyrë të artë.

bukë pa maja

Jep një bukë 900 g / 2 lb

450 g / 1 lb / 4 gota miell gruri integral (gruri i plotë)

175 g / 6 oz / 1½ filxhan miell që ngrihet vetë

5 ml / 1 lugë çaji kripë

30 ml / 2 lugë sheqer pluhur (superfin)

450 ml / ¾ pt / 2 gota qumësht

20 ml / 4 lugë çaji uthull

30 ml / 2 lugë vaj

5 ml / 1 lugë çaji sodë buke (sode buke)

Përzieni miellin, kripën dhe sheqerin dhe bëni një pus në qendër. Përzieni qumështin, uthullën, vajin dhe sodën e bukës, derdhni në përbërësit e thatë dhe përziejini derisa të jenë të lëmuara. Formojeni në një tavë (kallaj) të lyer me yndyrë 900 g/2 lb dhe piqini në një furrë të parangrohur në 180°C/350°F/gaz shenjë 4 për 1 orë derisa të marrë ngjyrë kafe të artë dhe të tingëllojë e zbrazët kur trokitni fundin.

Brumë pica

Bën dy pica 23 cm / 9 inç

15 g / ½ oz maja e freskët ose 20 ml / 4 lugë çaji maja e thatë

një majë sheqer

250 ml / 8 ml oz / 1 filxhan ujë të ngrohtë

350 g / 12 oz / 3 gota miell të thjeshtë (të gjitha qëllimet)

një majë kripë

30 ml / 2 lugë vaj ulliri

Përzieni majanë me sheqerin dhe pak ujë të ngrohtë dhe lëreni në një vend të ngrohtë për 20 minuta derisa të bëhet shkumë.
Përzieni miellin me kripën dhe vajin e ullirit dhe gatuajeni derisa të jetë e qetë dhe të mos ngjitet më. Vendoseni në një enë të lyer me vaj, mbulojeni me një film të lyer me vaj (mbështjellës plastik) dhe lëreni në një vend të ngrohtë për 1 orë derisa të dyfishohet në madhësi. Përziejini përsëri dhe formoni sipas nevojës.

tërshërë në kalli

Jep një bukë 450 g / 1 lb

1 oz / 25 g maja të freskët ose 2½ lugë gjelle / 40 ml maja e thatë

5 ml / 1 lugë sheqer pluhur (super i imët).

150 ml / ¼ pt / 2/3 filxhan qumësht të ngrohtë

150 ml / ¼ pt / 2/3 filxhan ujë të ngrohtë

400 g / 14 oz / 3½ filxhan miell të fortë për të gjitha qëllimet (bukë)

5 ml / 1 lugë çaji kripë

25 g / 1 oz / 2 lugë gjelle gjalpë ose margarinë

100 g / 4 oz / 1 filxhan tërshërë mesatare

Përzieni majanë dhe sheqerin me qumështin dhe ujin dhe lëreni në një vend të ngrohtë derisa të bëhet shkumë. Përzieni miellin dhe kripën së bashku, më pas lyeni me gjalpin ose margarinën dhe shtoni tërshërën. Hapni një pus në qendër, derdhni masën e majave dhe përzieni derisa të përftoni një brumë të butë. Vendoseni në një sipërfaqe të lyer me miell dhe ziejini për 10 minuta derisa të jenë të lëmuara dhe elastike. Vendoseni në një enë të lyer me vaj, mbulojeni me një film ngjitës të lyer me vaj (mbështjellës plastik) dhe lëreni në një vend të ngrohtë të ngrihet për rreth 1 orë derisa të dyfishohet në madhësi.

Ziejeni përsëri brumin, më pas formoni një shirit sipas dëshirës tuaj. Vendoseni në një tepsi të lyer me yndyrë (për biskotat), lyeni me pak ujë, mbulojeni me një film të lyer me yndyrë dhe lëreni në një vend të ngrohtë për rreth 40 minuta derisa të dyfishohet në madhësi.

Piqeni në furrë të parangrohur në 230°C/450°F/gaz 8 për 25 minuta derisa të ngrihen mirë dhe të marrin ngjyrë kafe të artë dhe me një zhurmë të zbrazët kur trokitet fundi.

bollgur farl

4 më parë

1 oz / 25 g maja të freskët ose 2½ lugë gjelle / 40 ml maja e thatë

5 ml / 1 lugë çaji mjaltë

300 ml / ½ pt / 1¼ filxhan ujë të vakët

450 g / 1 lb / 4 gota miell të fortë për të gjitha qëllimet (bukë)

50 g / 2 oz / ½ filxhan tërshërë mesatare

2,5 ml / ½ lugë çaji pluhur pjekjeje

një majë kripë

25 g / 1 oz / 2 lugë gjelle gjalpë ose margarinë

Përzieni majanë me mjaltin dhe pak ujë të ngrohtë dhe lëreni në një vend të ngrohtë për 20 minuta derisa të bëhet shkumë.

Përzieni miellin, tërshërën, pluhurin për pjekje dhe kripën dhe lyeni me gjalpë ose margarinë. Shtoni masën e majave dhe ujin e mbetur të ngrohtë dhe përzieni derisa të keni një brumë mesatar të butë. Ziejini derisa të bëhen elastike dhe të mos ngjiten më. Vendoseni në një tas të lyer me vaj, mbulojeni me një film të lyer me vaj (mbështjellës plastik) dhe lëreni në një vend të ngrohtë për rreth 1 orë derisa të dyfishohet në madhësi.

Përziejini sërish lehtë dhe formoni një formë të rrumbullakët me trashësi rreth 3 cm. Pritini në katërsh dhe vendosini në një tepsi të lyer me yndyrë (për biskota), të ndara pak, por në formën e rrumbullakët origjinale. Mbulojeni me një film transparent të lyer me vaj dhe lëreni të pushojë për rreth 30 minuta derisa të dyfishohet në masë.

Piqeni në furrë të parangrohur në 200°C/400°F/gaz 6 për 30 minuta derisa të marrin ngjyrë kafe të artë dhe të tingëllojë e zbrazët kur trokitni fundin.

bukë pita

Bën 6

15 g / ½ oz maja e freskët ose 20 ml / 4 lugë çaji maja e thatë

5 ml / 1 lugë sheqer pluhur (super i imët).

300 ml / ½ pt / 1¼ filxhan ujë të vakët

450 g / 1 lb / 4 gota miell të fortë për të gjitha qëllimet (bukë)

5 ml / 1 lugë çaji kripë

Përzieni majanë, sheqerin dhe pak ujë të ngrohtë dhe lëreni në një vend të ngrohtë për 20 minuta derisa të bëhet shkumë. Përzieni masën e majave dhe ujin e ngrohtë të mbetur me miellin dhe kripën dhe përzieni derisa të keni një brumë të fortë. Ziejeni derisa të jetë e qetë dhe elastike. Vendoseni në një tas të lyer me vaj, mbulojeni me një film të lyer me vaj (mbështjellës plastik) dhe lëreni në një vend të ngrohtë për rreth 1 orë derisa të dyfishohet në madhësi.

Ziejeni përsëri dhe ndajeni në gjashtë pjesë. Rrotulloni në ovale rreth 5 mm / ¼ të trasha dhe vendoseni në një tepsi të lyer me yndyrë (për biskota). Mbulojeni me film transparent të lyer me vaj dhe lëreni të pushojë për 40 minuta derisa të dyfishohet në masë.

E pjekim në furrë të parangrohur në 230°C/450°F/gaz 8 për 10 minuta derisa të marrin ngjyrë të lehtë të artë.

Bukë e shpejtë me grurë të plotë

Bën dy bukë 450 g / 1 lb

15 g / ½ oz maja e freskët ose 20 ml / 4 lugë çaji maja e thatë

300 ml / ½ pt / 1¼ filxhan qumësht të ngrohtë dhe ujë të përzier

15 ml / 1 lugë gjelle melasa me rrip të zi (melasa)

225 g / 8 oz / 2 gota miell gruri integral (gruri integral)

225 g / 8 oz / 2 gota miell të thjeshtë (të gjitha qëllimet)

10 ml / 2 lugë çaji kripë

25 g / 1 oz / 2 lugë gjelle gjalpë ose margarinë

15 ml / 1 lugë gjelle grurë të grirë

Përzieni majanë me pak qumësht dhe ujë të ngrohtë dhe melasën dhe lëreni në një vend të ngrohtë derisa të bëhet shkumë.
Përziejmë miellrat dhe kripën dhe lyejmë me gjalpë ose margarinë. Hapni një pus në qendër dhe derdhni masën e majave derisa të përftoni një brumë të fortë. Vendoseni në një sipërfaqe të lyer me miell dhe ziejini për 10 minuta derisa të jenë të lëmuara dhe elastike, ose përpunojeni në një procesor ushqimi. Formojini në dy petë dhe vendosini në tepsi të lyer me yndyrë dhe rreshtim 450g/1lb. Lyejeni sipër me ujë dhe spërkatni me grurin e plasaritur. Mbulojeni me një film të lyer me vaj (mbështjellës plastik) dhe lëreni në një vend të ngrohtë për rreth 1 orë derisa të dyfishohet në masë.

Piqini në furrë të nxehur më parë në 240°C / 475°F / pikë gazi 8 për 40 minuta derisa bukët të tingëllojnë të zbrazëta kur trokitni në fund.

Bukë e lagur orizi

Jep një bukë 900 g / 2 lb

75 g / 3 oz / 1/3 filxhan oriz me kokërr të gjatë

15 g / ½ oz maja e freskët ose 20 ml / 4 lugë çaji maja e thatë

një majë sheqer

250 ml / 8 ml oz / 1 filxhan ujë të ngrohtë

550 g / 1¼ lb / 5 gota miell të fortë për të gjitha qëllimet (bukë)

2.5 ml / ½ lugë kripë

Matni orizin në një filxhan dhe më pas hidheni në një tigan. Shtoni trefishin e vëllimit të ujit të ftohtë, lëreni të vlojë, mbulojeni dhe ziejini për rreth 20 minuta derisa uji të jetë thithur. Ndërkohë përziejmë majanë me sheqerin dhe pak ujë të ngrohtë dhe e lëmë në një vend të ngrohtë për 20 minuta derisa të bëhet shkumë.

Vendosni miellin dhe kripën në një tas dhe bëni një pus në qendër. Shtoni masën e majave dhe orizin e ngrohtë dhe përzieni derisa të përftoni një brumë të butë. Vendoseni në një tas të lyer me vaj, mbulojeni me një film të lyer me vaj (mbështjellës plastik) dhe lëreni në një vend të ngrohtë për rreth 1 orë derisa të dyfishohet në madhësi.

Gatuani lehtë, duke shtuar pak më shumë miell nëse brumi është shumë i butë për të punuar dhe formoni një tepsi të lyer me yndyrë 900g/2lb. Mbulojeni me një film të lyer me yndyrë dhe lëreni në një vend të ngrohtë për 30 minuta derisa brumi të ngrihet mbi skajin e tavës.

Piqeni në një furrë të parangrohur në 230°C/450°F/shënjimi i gazit 8 për 10 minuta, më pas uleni temperaturën e furrës në 200°C/400°F/shenja e gazit 6 dhe piqini edhe për 25 minuta të tjera derisa të jenë gati. -tingulli kur goditet baza.

Bukë me oriz dhe bajame

Jep një bukë 900 g / 2 lb

175 g / 6 oz / ¾ filxhan gjalpë ose margarinë, të zbutur

175 g / 6 oz / ¾ filxhan sheqer pluhur (shumë i imët)

3 vezë të rrahura lehtë

100 g / 4 oz / 1 filxhan miell të fortë për të gjitha përdorimet (bukë).

5 ml / 1 lugë çaji pluhur pjekjeje

një majë kripë

100 g / 4 oz / 1 filxhan oriz i bluar

50 g / 2 oz / ½ filxhan bajame të bluara

15 ml / 1 lugë gjelle ujë të ngrohtë

Lyejeni gjalpin ose margarinën dhe sheqerin derisa të jenë të lehta dhe me gëzof. Rrihni gradualisht vezët, më pas shtoni përbërësit e thatë dhe ujin për të bërë një brumë të butë. Formojeni në një tavë (kallaj) të lyer me yndyrë 900 g/2 lb dhe piqini në një furrë të parangrohur në 180°C/350°F/gaz shenjë 4 për 1 orë derisa të marrë ngjyrë kafe të artë dhe të tingëllojë e zbrazët kur trokitni fundin.

biskota krokante

Bën 24

675 g / 1½ lb / 6 gota miell të thjeshtë (të gjitha qëllimet)

15 ml / 1 lugë gjelle krem tartar

10 ml / 2 lugë çaji kripë

400 g / 14 oz / 1¾ filxhan sheqer pluhur (super fine).

250 g / 9 oz / bujare 1 filxhan gjalpë ose margarinë

10 ml / 2 lugë çaji sodë buke (sode buke)

250 ml / 8 ml oz / 1 filxhan dhallë

1 vezë

Përziejmë miellin, ajkën e tartarit dhe kripën. Shtoni sheqerin. Fërkojeni me gjalpë ose margarinë derisa përzierja të ngjajë me thërrimet e bukës dhe bëni një pus në qendër. Përzieni sodën e bukës me pak dhallë dhe përzieni vezën me dhallën e mbetur. Rezervoni 30 ml / 2 lugë gjelle nga përzierja e vezëve për të glazuruar ëmbëlsirat. Përzieni pjesën tjetër me përbërësit e thatë me përzierjen e sodës së bukës dhe përzieni derisa të keni një brumë të fortë. Ndani brumin në gjashtë pjesë të barabarta dhe formoni salsiçe. E rrafshojmë pak dhe e presim secilën në gjashtë pjesë. Vendoseni në një tepsi të lyer me yndyrë (për biskota) dhe lyejeni me masën e rezervuar të vezëve. E pjekim në furrë të parangrohur në 200°C/400°F/gaz 6 për 30 minuta derisa të marrin ngjyrë kafe të artë.

bukë thekre bavareze

Bën dy bukë 450 g / 1 lb

Për brumin e thartë:

150 g / 5 oz / 1¼ filxhan miell thekre

5 ml / 1 lugë maja e thatë

150 ml / ¼ pt / 2/3 filxhan ujë të ngrohtë

Për bukën:

550 g / 1¼ lb / 5 gota miell gruri integral (gruri i plotë)

50 g / 2 oz / ½ filxhan miell thekre

5 ml / 1 lugë çaji kripë

1 oz / 25 g maja të freskët ose 2½ lugë gjelle / 40 ml maja e thatë

350 ml / 12 ml oz / 1½ filxhan ujë të ngrohtë

30 ml / 2 lugë fara qimnon

Pak miell të përzier me ujë për të formuar një pastë.

Për të bërë brumin e thartë, përzieni miellin e thekrës, majanë dhe ujin derisa të jetë transparente. Mbulojeni dhe lëreni gjatë natës.

Për të bërë bukën, përzieni miellin dhe kripën. Majanë e përziejmë me ujin e vakët dhe e shtojmë te mielli me brumin e thartë. Shtoni gjysmën e farave të qimnonit dhe përzieni derisa të përftoni një brumë. Zieni mirë derisa të bëhen elastike dhe të mos ngjiten më. Vendoseni në një tas të lyer me vaj, mbulojeni me një film të lyer me vaj (mbështjellës plastik) dhe lëreni në një vend të ngrohtë për rreth 30 minuta derisa të dyfishohet në madhësi.

Ziejini sërish, formoni dy peta 450 gr/1 lb dhe vendosini në një tepsi të lyer me yndyrë (për biskotat). Përhapeni me pastën e miellit dhe ujin dhe spërkatni me farat e mbetura të qimnonit. Mbulojeni me një film transparent të lyer me vaj dhe lëreni të pushojë për 30 minuta.

Piqeni në furrë të parangrohur në 230°C/450°F/gaz 8 për 30 minuta derisa të marrë ngjyrë kafe të errët dhe të tingëllojë boshe kur trokitni fundin.

bukë thekre e lehtë

Jep një bukë 1½ lb / 675 g

15 g / ½ oz maja e freskët ose 20 ml / 4 lugë çaji maja e thatë

5 ml / 1 lugë sheqer pluhur (super i imët).

150 ml / ¼ pt / 2/3 filxhan ujë të ngrohtë

225 g / 8 oz / 2 gota miell thekre

400 g / 14 oz / 3½ filxhan miell të fortë për të gjitha qëllimet (bukë)

10 ml / 2 lugë çaji kripë

300 ml / ½ pt / 1¼ filxhan qumësht të ngrohtë

1 e verdhe veze e rrahur

5 ml / 1 lugë fara lulekuqe

Përzieni majanë me sheqerin dhe ujin dhe lëreni në një vend të ngrohtë derisa të bëhet shkumë. Përzieni miellin dhe kripën dhe bëni një vrimë në qendër. Shtoni përzierjen e qumështit dhe majave dhe përzieni derisa të përftoni një brumë të fortë. Ziejini në një sipërfaqe të lyer pak me miell derisa të jetë e lëmuar dhe elastike. Vendoseni në një tas të lyer me vaj, mbulojeni me një film të lyer me vaj (mbështjellës plastik) dhe lëreni në një vend të ngrohtë për rreth 1 orë derisa të dyfishohet në madhësi.

Ziejeni përsëri lehtë, më pas formoni një petë të gjatë dhe vendoseni në një tepsi të lyer me yndyrë (për biskotat). Mbulojeni me një film transparent të lyer me vaj dhe lëreni të pushojë për 30 minuta.

Lyejeni me të verdhën e vezës dhe spërkatni me farat e lulekuqes. E pjekim në furrë të parangrohur në 200°C/400°F/gaz 6 për 20 minuta. Uleni temperaturën e furrës në 190°C / 375°F / shenjën e gazit 5 dhe piqni për 15 minuta të tjera derisa buka të tingëllojë e zbrazët kur trokitni në fund.

Bukë thekre me embrion gruri

Jep një bukë 450 g / 1 lb

15 g / ½ oz maja e freskët ose 20 ml / 4 lugë çaji maja e thatë

5 ml / 1 lugë çaji sheqer

450 ml / ¾ pt / 2 gota ujë të ngrohtë

350 g / 12 oz / 3 gota miell thekre

225 g / 8 oz / 2 gota miell të thjeshtë (të gjitha qëllimet)

50 g / 2 oz / ½ filxhan embrion gruri

10 ml / 2 lugë çaji kripë

45 ml / 3 lugë gjelle melasa e zezë (melasë)

15 ml / 1 lugë gjelle vaj

Përzieni majanë me sheqerin dhe pak ujë të ngrohtë dhe më pas lëreni në një vend të ngrohtë derisa të bëhet shkumë. Përzieni miellin, embrionin e grurit dhe kripën dhe bëni një vrimë në qendër. Shtoni masën e majave me melasën dhe vajin dhe përzieni derisa të përftoni një brumë të butë. Vendoseni në një sipërfaqe të lyer me miell dhe ziejini për 10 minuta derisa të jenë të lëmuara dhe elastike, ose përpunojeni në një procesor ushqimi. Vendoseni në një tas të lyer me vaj, mbulojeni me një film të lyer me vaj (mbështjellës plastik) dhe lëreni në një vend të ngrohtë për rreth 1 orë derisa të dyfishohet në madhësi.

Ziejeni përsëri, më pas formoni një petë dhe vendoseni në një tepsi të lyer me yndyrë (për biskotat). Mbulojeni me një film transparent të lyer me yndyrë dhe lëreni të ngrihet derisa të dyfishohet në madhësi.

E pjekim në furrë të parangrohur në 220°C / 425°F / markë gazi 7 për 15 minuta. Uleni temperaturën e furrës në 190°C / 375°F / shenjën e gazit 5 dhe piqni edhe për 40 minuta të tjera derisa buka të tingëllojë e zbrazët kur trokitni në fund.

bukë samoane

Bën tre bukë 450 g / 1 lb

15 g / ½ oz maja e freskët ose 20 ml / 4 lugë çaji maja e thatë

15 ml / 1 lugë ekstrakt malti

600 ml / 1 pt / 2½ gota ujë të ngrohtë

25 g / 1 oz / 2 lugë gjelle yndyrë bimore (ghee)

900 g / 2 lb / 8 gota miell gruri integral (gruri integral)

30 ml / 2 lugë qumësht pluhur (qumësht i skremuar pluhur)

10 ml / 2 lugë çaji kripë

15 ml / 1 lugë mjaltë e lehtë

50 g / 2 oz / ½ filxhan fara susami, të thekura

25 g / 1 oz / ¼ filxhan fara luledielli, të thekura

Përzieni majanë me ekstraktin e maltit dhe pak ujë të ngrohtë dhe lëreni në një vend të ngrohtë për 10 minuta derisa të bëhet shkumë. Lyejeni yndyrën me miellin dhe qumështin pluhur, më pas shtoni kripën dhe bëni një pus në qendër. Hidhni përzierjen e majave, ujin e mbetur të ngrohtë dhe mjaltin dhe përzieni derisa të formohet brumi. Ziejini mirë derisa të jenë të lëmuara dhe elastike. Shtoni farat dhe ziejini për 5 minuta të tjera derisa të përzihen mirë. Formoni në tre petë 450g/1lb dhe vendosini në një tepsi të lyer me yndyrë (biskotë). Mbulojeni me një film ushqimor të lyer me vaj (mbështjellës plastik) dhe lëreni në një vend të ngrohtë për 40 minuta derisa të dyfishohet në madhësi.

Piqni në një furrë të parangrohur në 230°F/450°F/shënjimin e gazit 8 për 30 minuta derisa të marrin ngjyrë kafe të artë dhe të tingëllojë e zbrazët kur trokitni fundin.

baps susami

12 më parë

1 oz / 25 g maja të freskët ose 2½ lugë gjelle / 40 ml maja e thatë

5 ml / 1 lugë sheqer pluhur (super i imët).

150 ml / ¼ pt / 2/3 filxhan qumësht të ngrohtë

450 g / 1 lb / 4 gota miell të fortë për të gjitha qëllimet (bukë)

5 ml / 1 lugë çaji kripë

25 g / 1 oz / 2 lugë sallo (shkurtim perimesh)

150 ml / ¼ pt / 2/3 filxhan ujë të ngrohtë

30 ml / 2 lugë fara susami

Përzieni majanë me sheqerin dhe pak qumësht të ngrohtë dhe lëreni në një vend të ngrohtë derisa të bëhet shkumë. Përzieni miellin dhe kripën në një tas, lyeni me gjalpin dhe bëni një pus në qendër. Hidhni përzierjen e majave, qumështin dhe ujin e mbetur dhe përziejini derisa të jetë homogjene. Vendoseni në një sipërfaqe të lyer me miell dhe ziejini për 10 minuta derisa të jenë të lëmuara dhe elastike, ose përpunojeni në një procesor ushqimi. Vendoseni në një tas të lyer me vaj, mbulojeni me një film të lyer me vaj (mbështjellës plastik) dhe lëreni në një vend të ngrohtë për rreth 1 orë derisa të dyfishohet në madhësi.

Ziejini sërish dhe formoni 12 role, i rrafshoni pak dhe i vendosni në një tepsi të lyer me yndyrë (për biskota). Mbulojeni me një film të lyer me vaj (film transparent) dhe lëreni të pushojë në një vend të ngrohtë për 20 minuta.

E lyejmë me ujë, e spërkasim me fara dhe e pjekim në furrë të parangrohur në 220°C/425°F/gaz mark 7 për 15 minuta derisa të marrin ngjyrë kafe të artë.

fillim i brumit të thartë

Bën rreth 450 g / 1 lb

450 ml / ¾ pt / 2 gota ujë të ngrohtë

1 oz / 25 g maja të freskët ose 2½ lugë gjelle / 40 ml maja e thatë

225 g / 8 oz / 2 gota miell të thjeshtë (të gjitha qëllimet)

2.5 ml / ½ lugë kripë

Furnizimi:

225 g / 8 oz / 2 gota miell të thjeshtë (të gjitha qëllimet)

450 ml / ¾ pt / 2 gota ujë të ngrohtë

Përziejini përbërësit kryesorë në një tas, mbulojeni me muslin dhe lëreni në një vend të ngrohtë për 24 orë. Shtoni 50 g / 2 oz / ½ filxhan miell për përdorim të gjithanshëm dhe 120 ml / 4 ml oz / ½ filxhan ujë të ngrohtë, mbulojeni dhe lëreni të qëndrojë për 24 orë të tjera. Përsëriteni tre herë, deri në të cilën përzierja duhet të marrë erë të thartë, më pas vendoseni në frigorifer. Zëvendësoni çdo fillestar që përdorni me një përzierje të barabartë me ujë të ngrohtë dhe miell.

bukë sode

Krijon një shirit 20 cm / 8 inç

450 g / 1 lb / 4 gota miell të thjeshtë (të gjitha qëllimet)

10 ml / 2 lugë çaji sodë buke (sode buke)

10 ml / 2 lugë çaji krem tartar

5 ml / 1 lugë çaji kripë

25 g / 1 oz / 2 lugë sallo (shkurtim perimesh)

5 ml / 1 lugë sheqer pluhur (super i imët).

15 ml / 1 lugë gjelle lëng limoni

300 ml / ½ pt / 1¼ filxhan qumësht

Përzieni miellin, sodën e bukës, ajkën e tartarit dhe kripën. Fërkojeni me sallo derisa përzierja të ngjajë me thërrimet e bukës. Shtoni sheqerin. Përzieni lëngun e limonit me qumështin dhe më pas përzieni në përbërësit e thatë derisa të keni një brumë të butë. Ziejeni lehtë, më pas formoni brumin në një formë të rrumbullakët 20 cm / 8 inç dhe rrafshoni pak. Vendoseni në një fletë biskotash të lyer me miell dhe ndani në katërsh me tehun e një thike. E pjekim në furrë të parangrohur në 200°C/400°F/gaz 6 për rreth 30 minuta derisa sipër të bëhet e freskët. Lëreni të ftohet përpara se ta shërbeni.

bukë me thartirë

Bën dy bukë 350 g / 12 oz

250 ml / 8 ml oz / 1 filxhan ujë të ngrohtë

15 ml / 1 lugë gjelle sheqer pluhur (superfin).

30 ml / 2 lugë gjalpë ose margarinë të shkrirë

15 ml / 1 lugë gjelle kripë

250 ml / 8 ml oz / 1 filxhan brumë kosi

2,5 ml / ½ lugë çaji sodë buke (sode buke)

450 g / 1 lb / 4 gota miell të thjeshtë (të gjitha qëllimet)

Përzieni ujin, sheqerin, gjalpin ose margarinën dhe kripën. Përzieni fillimin e brumit të thartë me sodën e bukës dhe përzieni në masë, më pas hidhni miellin për të bërë një brumë të fortë. Ziejeni brumin derisa të jetë i qetë dhe saten, duke shtuar edhe pak miell nëse është e nevojshme. Vendoseni në një tas të lyer me vaj, mbulojeni me një film të lyer me vaj (mbështjellës plastik) dhe lëreni në një vend të ngrohtë për rreth 1 orë derisa të dyfishohet në madhësi.

Ziejeni përsëri lehtë dhe formoni dy bukë. Vendoseni në një tepsi të lyer me yndyrë (biskotë), mbulojeni me një film të lyer me yndyrë dhe lëreni të pushojë për rreth 40 minuta derisa të dyfishohet në madhësi.

Piqni në furrë të parangrohur në 190°C/375°F/gaz 5 për rreth 40 minuta derisa të marrin ngjyrë kafe të artë dhe të tingëllojë e zbrazët kur trokitni në fund.

simite me brumë kosi

12 më parë

50 g / 2 oz / ¼ filxhan gjalpë ose margarinë

175 g / 6 oz / 1½ filxhan miell të thjeshtë (të gjitha qëllimet)

5 ml / 1 lugë çaji kripë

2,5 ml / ½ lugë çaji sodë buke (sode buke)

250 ml / 8 ml oz / 1 filxhan brumë kosi

Pak gjalpë ose margarinë të shkrirë për lustrim

Fërkoni gjalpin ose margarinën në miell dhe kripë derisa përzierja të ngjajë me thërrimet e bukës. Përzieni sodën e bukës në starter, më pas përzieni në miell për të bërë një brumë të fortë. Ziejini derisa të jetë e qetë dhe të mos ngjitet më. Formoni role të vogla dhe i vendosni në një tepsi të lyer me yndyrë (për biskota). Lyejeni sipër me gjalpë ose margarinë, mbulojeni me një film të lyer me vaj (mbështjellës plastik) dhe lëreni të qëndrojë për rreth 1 orë derisa të dyfishohet në madhësi. E pjekim në furrë të parangrohur në 220°C/425°F/gaz 8 për 15 minuta derisa të marrin ngjyrë kafe të artë.

bukë e Vjenës

Jep një bukë 1½ lb / 675 g

15 g / ½ oz maja e freskët ose 20 ml / 4 lugë çaji maja e thatë

5 ml / 1 lugë sheqer pluhur (super i imët).

300 ml / ½ pt / 1¼ filxhan qumësht të ngrohtë

40 g / 1½ oz / 3 lugë gjelle gjalpë ose margarinë

450 g / 1 lb / 4 gota miell të fortë për të gjitha qëllimet (bukë)

5 ml / 1 lugë çaji kripë

1 vezë e rrahur mirë

Përzieni majanë me sheqerin dhe pak qumësht të ngrohtë dhe lëreni në një vend të ngrohtë derisa të bëhet shkumë. Shkrini gjalpin ose margarinën dhe shtoni qumështin e mbetur. Përzieni përzierjen e majave, përzierjen e gjalpit, miellin, kripën dhe vezën për të bërë një brumë të butë. Ziejini derisa të jetë e qetë dhe të mos ngjitet më. Vendoseni në një tas të lyer me vaj, mbulojeni me një film të lyer me vaj (mbështjellës plastik) dhe lëreni në një vend të ngrohtë për rreth 1 orë derisa të dyfishohet në madhësi.

Ziejeni përsëri brumin, më pas formoni një petë dhe vendoseni në një tepsi të lyer me yndyrë (për biskotat). Mbulojeni me film transparent të lyer me vaj dhe lëreni në një vend të ngrohtë për 20 minuta.

Piqeni në një furrë të parangrohur në 230°C/450°F/gaz 8 për 25 minuta derisa të marrë ngjyrë kafe të artë dhe të bëjë një tingull bosh kur trokitni fundin.

Bukë integrale

Bën dy bukë 450 g / 1 lb

15 g / ½ oz maja e freskët ose 20 ml / 4 lugë çaji maja e thatë

5 ml / 1 lugë çaji sheqer

300 ml / ½ pt / 1¼ filxhan ujë të vakët

550 g / 1¼ lb / 5 gota miell gruri integral (gruri i plotë)

5 ml / 1 lugë çaji kripë

45 ml / 3 lugë dhallë

Farat e susamit ose qimnon për spërkatje (opsionale)

Përzieni majanë me sheqerin dhe pak ujë të ngrohtë dhe lëreni në një vend të ngrohtë për 20 minuta derisa të bëhet shkumë. Vendosni miellin dhe kripën në një tas dhe bëni një pus në qendër. Shtoni majanë, ujin e mbetur dhe dhallën. Punojeni derisa të keni një brumë të fortë që i lë të pastër anët e tasit, duke shtuar edhe pak miell ose ujë nëse është e nevojshme. Ziejini në një sipërfaqe të lyer pak me miell ose në procesor derisa të bëhet elastike dhe të mos ngjitet më. Formoni brumin në dy tepsi (kifle) të lyer me yndyrë 450g/1lb, mbulojeni me një film të lyer me yndyrë (mbështjellës plastik) dhe lëreni të ngrihet për rreth 45 minuta derisa brumi të ngrihet pak mbi pjesën e poshtme të kallëpeve.

Spërkateni me farat e susamit ose qimnon, nëse përdorni. Piqeni në furrë të parangrohur në 230°C/450°F/shënjimi i gazit 8 për 15 minuta, më pas uleni temperaturën e furrës në 190°C/375°F/gaz 5 dhe piqini edhe për 25 minuta të tjera derisa të jenë gati. -tingulli kur goditet baza.

Bukë me mjaltë integrale

Jep një bukë 900 g / 2 lb

15 g / ½ oz maja e freskët ose 20 ml / 4 lugë çaji maja e thatë

450 ml / ¾ pt / 2 gota ujë të ngrohtë

45 ml / 3 lugë mjaltë

50 g / 2 oz / ¼ filxhan gjalpë ose margarinë

750 g / 1½ lb / 6 gota miell gruri integral (gruri i plotë)

2.5 ml / ½ lugë kripë

15 ml / 1 lugë fara susami

Përzieni majanë me pak ujë dhe pak mjaltë dhe lëreni në një vend të ngrohtë për 20 minuta derisa të bëhet shkumë. Fërkoni gjalpin ose margarinën në miell dhe kripë, më pas përzieni përzierjen e majave dhe pjesën tjetër të ujit dhe mjaltit derisa të keni një brumë të butë. Ziejini derisa të bëhen elastike dhe të mos ngjiten më. Vendoseni në një tas të lyer me vaj, mbulojeni me një film të lyer me vaj (mbështjellës plastik) dhe lëreni në një vend të ngrohtë për rreth 1 orë derisa të dyfishohet në madhësi.

Ziejeni përsëri dhe formoni një tepsi të lyer me yndyrë 900g/2lb. E mbulojmë me film transparent të lyer me yndyrë dhe e lëmë të pushojë për 20 minuta derisa brumi të ngrihet mbi kallëp.

E pjekim në furrë të parangrohur në 220°C / 425°F / markë gazi 7 për 15 minuta. Uleni temperaturën e furrës në 190°C/375°F/shënjimin e gazit 5 dhe piqni edhe për 20 minuta të tjera derisa buka të marrë ngjyrë kafe të artë dhe të tingëllojë e zbrazët kur trokitni fundin.

Rrotulla të shpejta me grurë të plotë

12 më parë

20 ml / 4 lugë çaji maja e thatë

375 ml / 13 ml oz / 1½ filxhan ujë të ngrohtë

50 g / 2 oz / ¼ filxhan sheqer kafe të butë

100 g / 4 oz / 1 filxhan miell gruri integral (gruri integral)

100 g / 4 oz / 1 filxhan miell i thjeshtë (të gjitha qëllimet)

5 ml / 1 lugë çaji kripë

Përzieni majanë me ujin dhe pak sheqer dhe lëreni në një vend të ngrohtë derisa të bëhet shkumë. Shtoni miellin dhe kripën me sheqerin e mbetur dhe përziejini derisa të jenë homogjene.
Hidheni brumin në forma për kifle (kupat e kifleve) dhe lëreni të pushojë për 20 minuta derisa brumi të ngrihet në majë të kupave.
Piqeni në furrë të parangrohur në 180°C/350°F/gaz 4 për 30 minuta derisa të ngrihen mirë dhe të marrin ngjyrë të artë.

Bukë integrale me arra

Jep një bukë 900 g / 2 lb

15 g / ½ oz maja e freskët ose 20 ml / 4 lugë çaji maja e thatë

5 ml / 1 lugë çaji sheqer kafe të butë

450 ml / ¾ pt / 2 gota ujë të ngrohtë

450 g / 1 lb / 4 gota miell gruri integral (gruri i plotë)

175 g / 6 oz / 1½ filxhan miell të fortë për të gjitha qëllimet (bukë)

5 ml / 1 lugë çaji kripë

15 ml / 1 lugë gjelle vaj arre

100 g / 4 oz / 1 filxhan arra, të prera në mënyrë të trashë

Përzieni majanë me sheqerin dhe pak ujë të ngrohtë dhe lëreni në një vend të ngrohtë për 20 minuta derisa të bëhet shkumë. Në një enë bashkojmë miellrat dhe kripën, shtojmë masën e majave, vajin dhe ujin e vakët të mbetur dhe i përziejmë derisa të përftohet një brumë i fortë. Ziejini derisa të jetë e qetë dhe të mos ngjitet më. Vendoseni në një tas të lyer me vaj, mbulojeni me një film të lyer me vaj (mbështjellës plastik) dhe lëreni në një vend të ngrohtë për rreth 1 orë derisa të dyfishohet në madhësi.

Përziejini sërish lehtë dhe lyeni arrat, më pas formësoni në një tepsi të lyer me yndyrë 900 gr/2 lb, mbulojeni me një film ngjitës të lyer me yndyrë dhe lëreni në një vend të ngrohtë për 30 minuta derisa brumi të ngrihet lart mbi buzën e kallëpit.

Piqeni në një furrë të parangrohur në 220°C/425°F/gaz 7 për 30 minuta derisa të marrin ngjyrë kafe të artë dhe të tingëllojë e zbrazët kur trokitni fundin.

bishtalec bajamesh

Jep një bukë 450 g / 1 lb

15 g / ½ oz maja e freskët ose 20 ml / 4 lugë çaji maja e thatë

40 g / 1½ oz / 3 lugë sheqer pluhur (shumë i imët)

100 ml / 3½ floz / 6½ lugë qumësht të ngrohtë

350 g / 12 oz / 3 gota miell të fortë për të gjitha qëllimet (bukë)

2.5 ml / ½ lugë kripë

50 g / 2 oz / ¼ filxhan gjalpë ose margarinë, të shkrirë

1 vezë

Për mbushjen dhe glazurën:

50 g / 2oz pastë bajame

45 ml / 3 lugë reçel kajsie (rezervë)

50 g / 2 oz / 1/3 filxhan rrush të thatë

50 g / 2 oz / ½ filxhan bajame të copëtuara

1 e verdhe veze

Përzieni majanë me 5 ml/1 lugë çaji sheqer dhe pak qumësht dhe lëreni në një vend të ngrohtë për 20 minuta derisa të bëhet shkumë. Përzieni miellin dhe kripën në një tas dhe bëni një pus në qendër. Bashkoni përzierjen e majave, sheqerin dhe qumështin e mbetur, gjalpin ose margarinën e shkrirë dhe vezën dhe përziejini derisa të jenë të lëmuara. Ziejini derisa të bëhen elastike dhe të mos ngjiten më. Vendoseni në një tas të lyer me vaj, mbulojeni me një film të lyer me vaj (mbështjellës plastik) dhe lëreni në një vend të ngrohtë për rreth 1 orë derisa të dyfishohet në madhësi.

Hapeni brumin në një sipërfaqe të lyer pak me miell në një drejtkëndësh 30 x 40 cm / 12 x 16 inç. Përziejini përbërësit e mbushjes përveç të verdhës së vezës dhe punojeni derisa të jetë e qetë, më pas shpërndani në qendër një të tretën e brumit. Pritini dy të tretat e brumit nga skajet në një kënd drejt mbushjes në intervale rreth 2 cm / ¾. Palosni shiritat e alternuar majtas dhe djathtas mbi mbushjen dhe mbyllni skajet së bashku fort. Vendoseni në një tepsi të lyer me yndyrë (për biskota), mbulojeni dhe lëreni në një vend të ngrohtë për 30 minuta derisa të dyfishohet në madhësi. E lyejmë me të verdhën e vezës dhe e pjekim në furrë të parangrohur në 190°C/375°F/gaz 5 për 30 minuta derisa të marrin ngjyrë kafe të artë.

brioqe

12 më parë

15 g / ½ oz maja e freskët ose 20 ml / 4 lugë çaji maja e thatë

30 ml / 2 lugë ujë të vakët

2 vezë të rrahura lehtë

225 g / 8 oz / 2 gota miell të fortë për të gjitha qëllimet (bukë)

15 ml / 1 lugë gjelle sheqer pluhur (superfin).

2.5 ml / ½ lugë kripë

50 g / 2 oz / ¼ filxhan gjalpë ose margarinë, të shkrirë

Përziejmë majanë, ujin dhe vezët, më pas shtojmë miellin, sheqerin, kripën dhe gjalpin ose margarinën dhe i përziejmë derisa të jenë homogjene. Ziejini derisa të bëhen elastike dhe të mos ngjiten më. Vendoseni në një enë të lyer me yndyrë, mbulojeni dhe lëreni në një vend të ngrohtë për rreth 1 orë derisa të dyfishohet në madhësi.

Ziejeni sërish, ndajeni në 12 pjesë dhe më pas thyeni një top të vogël nga secila pjesë. Formoni copat më të mëdha në toptha dhe vendosini në tepsi 7.5cm/3 me fluks briosh ose topuz. Shtypni një gisht përmes brumit, më pas shtypni topthat e mbetur të brumit sipër. Mbulojeni dhe lëreni në një vend të ngrohtë për rreth 30 minuta derisa brumi të ngrihet pak mbi majën e kallëpeve.

E pjekim në furrë të parangrohur në 230°C/450°F/gaz 8 për 10 minuta derisa të marrin ngjyrë kafe të artë.

brioshe me gërsheta

Jep një bukë 1½ lb / 675 g

1 oz / 25 g maja të freskët ose 2½ lugë gjelle / 40 ml maja e thatë

5 ml / 1 lugë sheqer pluhur (super i imët).

250 ml / 8 ml oz / 1 filxhan qumësht të ngrohtë

675 g / 1½ lb / 6 gota miell të fortë për të gjitha përdorimet (bukë)

5 ml / 1 lugë çaji kripë

1 vezë e rrahur

150 ml / ¼ pt / 2/3 filxhan ujë të ngrohtë

1 e verdhe veze

Përzieni majanë me sheqerin me pak qumësht të ngrohtë dhe lëreni në një vend të ngrohtë për 20 minuta derisa të bëhet shkumë. Përzieni miellin dhe kripën dhe bëni një pus në qendër. Shtoni vezën, përzierjen e majave, qumështin e mbetur të ngrohtë dhe ujë të mjaftueshëm të ngrohtë për t'i përzier derisa të jetë homogjen. Ziejini derisa të jetë e qetë dhe të mos ngjitet më. Vendoseni në një tas të lyer me vaj, mbulojeni me një film të lyer me vaj (mbështjellës plastik) dhe lëreni në një vend të ngrohtë për rreth 1 orë derisa të dyfishohet në madhësi.

Ziejeni brumin lehtë dhe më pas ndajeni në katërsh. Rrokullisni tre pjesë në shirita të hollë rreth 38 cm të gjatë. Lagni një skaj të çdo shiriti dhe shtypni së bashku, më pas lidhni shiritat së bashku, lagni dhe lidhni skajet së bashku. Vendoseni në një tepsi të lyer me yndyrë (për biskota). Ndani pjesën e mbetur të brumit në tre, hapeni në shirita 38 cm / 15 dhe gërshetoni në të njëjtën mënyrë për të bërë një bishtalec më të hollë. Rrahim të verdhën e vezës me 15 ml / 1 lugë gjelle ujë dhe lyejmë gërshetën e madhe. Shtypni butësisht gërshetin më të vogël sipër dhe lyejeni me glazurën e vezëve. Mbulojeni dhe lëreni në një vend të ngrohtë për 40 minuta.

Piqni në furrë të parangrohur në 200°C/400°F/shënjimin e gazit 6 për 45 minuta derisa të marrin ngjyrë kafe të artë dhe të tingëllojë e zbrazët kur trokitni fundin.

briosh me mollë

12 më parë

Për masën:

15 g / ½ oz maja e freskët ose 10 ml / 2 lugë çaji maja e thatë

75 ml / 5 lugë qumësht të ngrohtë

100 g / 4 oz / 1 filxhan miell gruri integral (gruri integral)

350 g / 12 oz / 3 gota miell të fortë për të gjitha qëllimet (bukë)

30 ml / 2 lugë mjaltë të lehtë

4 vezë

një majë kripë

200 g / 7 oz / pak 1 filxhan gjalpë ose margarinë, të shkrirë

Për mbushjen:

75 g / 3 oz salcë molle (salcë)

25 g / 1 oz / ¼ filxhan bukë gruri integral (gruri i plotë)

25 g / 3 oz / ½ filxhan sulltana (rrush të thatë)

2,5 ml / ½ lugë çaji kanellë të bluar

1 vezë e rrahur

Për të bërë brumin, përzieni majanë me qumështin e ngrohtë dhe miellin e grurit dhe lëreni të fermentohet në një vend të ngrohtë për 20 minuta. Shtoni miellin e zakonshëm, mjaltin, vezët dhe kripën dhe përzieni mirë. Hidhni në të gjalpin ose margarinën e shkrirë dhe vazhdoni të gatuani derisa brumi të jetë elastik dhe i lëmuar. Vendoseni në një tas të lyer me vaj, mbulojeni me një film të lyer me vaj (mbështjellës plastik) dhe lëreni në një vend të ngrohtë për rreth 1 orë derisa të dyfishohet në madhësi.

Përziejini të gjithë përbërësit e mbushjes përveç vezës. Formoni brumin në 12 pjesë, më pas hiqni një të tretën e secilës pjesë. Formoni copa më të mëdha për t'u futur në tepsi ose topuz të lyer me vaj. Shtypni një vrimë të madhe pothuajse deri në fund me gishtin tuaj ose me dorezën e një piruni dhe mbusheni me mbushjen. Formoni secilën prej copave më të vogla të brumit në një top, lagni pjesën e sipërme të brumit dhe shtypni në mbushje për ta mbyllur atë në briosh. Mbulojeni dhe lëreni në një vend të ngrohtë për 40 minuta derisa pothuajse të dyfishohet në madhësi.

E lyejmë me vezë të rrahur dhe e pjekim në furrë të parangrohur në 220°C/425°F/gaz 7 për 15 minuta derisa të marrin ngjyrë kafe të artë.

Tofu dhe briosh me arra

12 më parë

Për masën:

15 g / ½ oz maja e freskët ose 20 ml / 4 lugë çaji maja e thatë

75 ml / 5 lugë qumësht të ngrohtë

100 g / 4 oz / 1 filxhan miell gruri integral (gruri integral)

350 g / 12 oz / 3 gota miell të fortë për të gjitha qëllimet (bukë)

30 ml / 2 lugë çaji mjaltë i lehtë

4 vezë

një majë kripë

200 g / 7 oz / pak 1 filxhan gjalpë ose margarinë, të shkrirë

Për mbushjen:

50 g / 2 oz / ¼ filxhan tofu, të prerë në kubikë

25 g / 1 oz / ¼ filxhan shqeme, të thekura dhe të copëtuara

25 g / 1 oz zarzavate të përziera të copëtuara

½ qepë e grirë

1 thelpi hudhër të grirë

2,5 ml / ½ lugë e vogël barishte të thata të përziera

2,5 ml / ½ lugë e vogël mustardë franceze

1 vezë e rrahur

Për të bërë brumin, përzieni majanë me qumështin e ngrohtë dhe miellin e grurit dhe lëreni të fermentohet në një vend të ngrohtë për 20 minuta. Shtoni miellin e zakonshëm, mjaltin, vezët dhe kripën dhe përzieni mirë. Hidhni në të gjalpin ose margarinën e shkrirë dhe vazhdoni të gatuani derisa brumi të jetë elastik dhe i lëmuar. Vendoseni në një tas të lyer me vaj, mbulojeni me një film të lyer me vaj (mbështjellës plastik) dhe lëreni në një vend të ngrohtë për rreth 1 orë derisa të dyfishohet në madhësi.

Përziejini të gjithë përbërësit e mbushjes përveç vezës. Formoni brumin në 12 pjesë, më pas hiqni një të tretën e secilës pjesë. Formoni copa më të mëdha për t'u futur në tepsi ose topuz të lyer me vaj. Shtypni një vrimë të madhe pothuajse deri në fund me gishtin tuaj ose me dorezën e një piruni dhe mbusheni me mbushjen. Formoni secilën prej copave më të vogla të brumit në një top, lagni pjesën e sipërme të brumit dhe shtypni në mbushje për ta mbyllur atë në briosh. Mbulojeni dhe lëreni në një vend të ngrohtë për 40 minuta derisa pothuajse të dyfishohet në madhësi.

E lyejmë me vezë të rrahur dhe e pjekim në furrë të parangrohur në 220°C/425°F/gaz 7 për 15 minuta derisa të marrin ngjyrë kafe të artë.

simite chelsea

Bën 9

225 g / 8 oz / 2 gota miell të fortë për të gjitha qëllimet (bukë)

5 ml / 1 lugë sheqer pluhur (super i imët).

15 g / ½ oz maja e freskët ose 20 ml / 4 lugë çaji maja e thatë

120 ml / 4 ml oz / ½ filxhan qumësht të ngrohtë

një majë kripë

15 g / ½ oz / 1 lugë gjelle gjalpë ose margarinë

1 vezë e rrahur

Për mbushjen:

75 g / 3 oz / ½ filxhan arra të përziera (përzierje për kek frutash)

25 g / 1 oz / 3 lugë gjelle lëvore të përzier (të sheqerosur) të copëtuar

50 g / 2 oz / ¼ filxhan sheqer kafe të butë

Pak mjaltë e lehtë për tu glazurë

Përzieni 50 g / 2 oz / ¼ filxhan miell, sheqerin pluhur, majanë dhe pak qumësht dhe lëreni në një vend të ngrohtë për 20 minuta derisa të bëhet shkumë. Përzieni miellin dhe kripën e mbetur dhe lyejeni me gjalpë ose margarinë. Përzieni me vezën, majanë dhe qumështin e mbetur të ngrohtë dhe përzieni derisa të formohet një brumë. Ziejini derisa të bëhen elastike dhe të mos ngjiten më. Vendoseni në një tas të lyer me vaj, mbulojeni me një film të lyer me vaj (mbështjellës plastik) dhe lëreni në një vend të ngrohtë për rreth 1 orë derisa të dyfishohet në madhësi.

Ziejini përsëri dhe hapeni në një drejtkëndësh 33 x 23 cm / 13 x 9. Përzieni të gjithë përbërësit e mbushjes përveç mjaltit dhe shpërndajeni mbi brumë. Rrotulloni njërën anë të gjatë dhe mbyllni buzën me pak ujë. Pritini rolenë në nëntë copa të barabarta dhe vendoseni në një enë pjekjeje të lyer me pak yndyrë (kallëp). Mbulojeni dhe lëreni në një vend të ngrohtë për 30 minuta derisa të dyfishohet në masë.

E pjekim në furrë të parangrohur në 190°C/375°F/gaz 5 për 25 minuta derisa të marrin ngjyrë kafe të artë. Hiqeni nga furra dhe lyeni me mjaltë dhe më pas lëreni të ftohet.

simite kafeje

Bën 16

225 g / 8 oz / 1 filxhan gjalpë ose margarinë

450 g / 1 lb / 4 gota miell gruri integral (gruri i plotë)

20 ml / 4 lugë çaji pluhur pjekjeje

5 ml / 1 lugë çaji kripë

225 g / 8 oz / 1 filxhan sheqer kafe të butë

2 vezë të rrahura lehtë

100 g / 4 oz / 2/3 filxhan rrush pa fara

5 ml / 1 lugë çaji pluhur kafeje të menjëhershme

15 ml / 1 lugë gjelle ujë të nxehtë

75 ml / 5 lugë mjaltë të lehtë

Fërkoni gjalpin ose margarinën në miell, pluhur për pjekje dhe kripë derisa përzierja të ngjajë me thërrimet e bukës. Shtoni sheqerin. Rrihni vezët për të bërë një brumë të butë, por jo ngjitës, më pas përzieni rrush pa fara. Shkrijeni pluhurin e kafesë në ujin e nxehtë dhe shtoni në brumë. Formoni 16 toptha të rrafshuar dhe vendosini, të ndarë mirë, në një tepsi të lyer me yndyrë (për biskota). Shtypni një gisht në qendër të çdo buke dhe shtoni një lugë çaji mjaltë. E pjekim në furrë të parangrohur në 220°C/425°F/gaz 7 për 10 minuta derisa të marrin dritë dhe ngjyrë të artë.

Bukë Creme Fraîche

Bën dy bukë 450 g / 1 lb

1 oz / 25 g maja të freskët ose 2½ lugë gjelle / 40 ml maja e thatë

75 g / 3 oz / 1/3 filxhan sheqer kafe të butë

60 ml / 4 lugë ujë të vakët

60 ml / 4 lugë krem të freskët, në temperaturë ambienti

350 g / 12 oz / 3 gota miell të thjeshtë (të gjitha qëllimet)

5 ml / 1 lugë çaji kripë

Një majë arrëmyshk të grirë

3 vezë

50 g / 2 oz / ¼ filxhan gjalpë ose margarinë

Pak qumësht dhe sheqer për glazure

Përzieni majanë me 5 ml/1 lugë çaji sheqer dhe ujin e vakët dhe lëreni në një vend të ngrohtë për 20 minuta derisa të bëhet shkumë. Shtoni kremin e freskët në maja. Vendosni miellin, kripën dhe arrëmyshkun në një tas dhe bëni një pus në qendër. Përzieni masën e majave, vezët dhe gjalpin dhe formoni një brumë të butë. Ziejeni derisa të jetë e qetë dhe elastike. Vendoseni në një tas të lyer me vaj, mbulojeni me një film të lyer me vaj (mbështjellës plastik) dhe lëreni në një vend të ngrohtë për rreth 1 orë derisa të dyfishohet në madhësi.

Ziejeni përsëri brumin, më pas formoni dy tepsi 450g/1lb. Mbulojeni dhe lëreni në një vend të ngrohtë për 35 minuta derisa të dyfishohet në masë.

Lyejmë me pak qumësht majat e bukëve dhe më pas i spërkasim me sheqer. E pjekim në furrë të parangrohur në 180°C/350°F/gaz 4 për 30 minuta. Lëreni të ftohet në tepsi për 10 minuta, më pas vendoseni në një raft teli për të përfunduar ftohjen.

Kroasanët

12 më parë

25 g / 1 oz / 2 lugë sallo (shkurtim perimesh)

450 g / 1 lb / 4 gota miell të fortë për të gjitha qëllimet (bukë)

2,5 ml / ½ lugë çaji sheqer pluhur (shumë i hollë)

10 ml / 2 lugë çaji kripë

1 oz / 25 g maja të freskët ose 2½ lugë gjelle / 40 ml maja e thatë

250 ml / 8 ml oz / 1 filxhan ujë të ngrohtë

2 vezë të rrahura lehtë

100 g / 4 oz / ½ filxhan gjalpë ose margarinë, të prerë në kubikë

Fërkojeni yndyrën në miell, sheqer dhe kripë derisa përzierja të ngjajë me thërrimet e bukës, më pas bëni një pus në qendër. Përziejmë majanë me ujin dhe shtojmë në miell me një nga vezët. Punojeni përzierjen derisa të keni një brumë të lëmuar që të shkëputet pastër nga anët e tasit. Vendoseni në një sipërfaqe të lyer pak me miell dhe gatuajeni derisa të jetë e lëmuar dhe të mos ngjitet më. Hapeni brumin në një shirit 20 x 50 cm / 8 x 20 inç. Lyejeni dy të tretat e sipërme të brumit me një të tretën e gjalpit ose margarinës, duke lënë një boshllëk të vogël rreth buzës. Palosni pjesën e brumit të pa lyer me gjalpë mbi të tretën tjetër, më pas paloseni të tretën e sipërme poshtë mbi të. Shtypni skajet që të mbyllen dhe kthejeni brumin një çerek kthese në mënyrë që buza e palosur të jetë në të majtë. Përsëriteni procesin me të tretën tjetër të gjalpit ose margarinës, palosni dhe përsërisni edhe një herë që të jetë përdorur e gjithë yndyra. Hidheni brumin e palosur në një qese polietileni të lyer me yndyrë dhe ftohuni për 30 minuta.

Rrokullisni, palosni dhe kthejeni brumin edhe tre herë pa shtuar më shumë yndyrë. Kthejeni në qese dhe ftohuni për 30 minuta. Hapeni brumin në një drejtkëndësh 40 x 38 cm / 16 x 15, shkurtoni skajet dhe prisni në 12 15 cm / 6 trekëndësha. I lyejmë trekëndëshat me pak vezë të rrahur dhe i rrotullojmë nga fundi, më pas i palosim në formë gjysmëhënës dhe i vendosim në një tepsi të lyer me yndyrë (për biskota). Lyejeni sipër me larje vezësh, mbulojeni dhe lëreni në një vend të ngrohtë për rreth 30 minuta.

Lyejeni pjesën e sipërme përsëri me vezë, më pas piqini në një furrë të parangrohur në 230°C/425°F/gaz pikën 7 për 15 deri në 20 minuta derisa të marrin ngjyrë të artë dhe të fryhen.

Kroasantë Sulltaneshë me grurë të plotë

12 më parë

25 g / 1 oz / 2 lugë sallo (shkurtim perimesh)

225 g / 8 oz / 2 gota miell të fortë për të gjitha qëllimet (bukë)

225 g / 8 oz / 2 gota miell gruri integral (gruri integral)

10 ml / 2 lugë çaji kripë

1 oz / 25 g maja të freskët ose 2½ lugë gjelle / 40 ml maja e thatë

300 ml / ½ pt / 1¼ filxhan ujë të vakët

2 vezë të rrahura lehtë

100 g / 4 oz / ½ filxhan gjalpë ose margarinë, të prerë në kubikë

45 ml / 3 lugë sulltane (rrush të artë)

2,5 ml / ½ lugë çaji sheqer pluhur (shumë i hollë)

Fërkojeni yndyrën në miell dhe kripë derisa përzierja të ngjajë me thërrimet e bukës, më pas bëni një pus në qendër. Përziejmë majanë me ujin dhe shtojmë në miell me një nga vezët. Punojeni përzierjen derisa të keni një brumë të lëmuar që të shkëputet pastër nga anët e tasit. Vendoseni në një sipërfaqe të lyer pak me miell dhe gatuajeni derisa të jetë e lëmuar dhe të mos ngjitet më. Hapeni brumin në një shirit 20 x 50 cm / 8 x 20 inç. Lyejeni dy të tretat e sipërme të brumit me një të tretën e gjalpit ose margarinës, duke lënë një boshllëk të vogël rreth buzës. Palosni pjesën e brumit të pa lyer me gjalpë mbi të tretën tjetër, më pas paloseni të tretën e sipërme poshtë mbi të. Shtypni skajet që të mbyllen dhe kthejeni brumin një çerek kthese në mënyrë që buza e palosur të jetë në të majtë. Përsëriteni procesin me të tretën tjetër të gjalpit ose margarinës, palosni dhe përsërisni edhe një herë që të jetë përdorur e gjithë yndyra. Hidheni brumin e palosur në një qese polietileni të lyer me yndyrë dhe ftohuni për 30 minuta.

Rrokullisni, palosni dhe kthejeni brumin edhe tre herë pa shtuar më shumë yndyrë. Kthejeni në qese dhe ftohuni për 30 minuta.

Hapeni brumin në një drejtkëndësh 40 x 38 cm / 16 x 15, shkurtoni skajet dhe prisni në dymbëdhjetë trekëndësha 15 cm / 6. Lyeni trekëndëshat me pak vezë të rrahur, spërkatni me rrush të thatë dhe sheqer dhe rrotullojeni nga poshtë. më pas i palosim në formë gjysmëhëne dhe i vendosim të ndarë në një tepsi të lyer me yndyrë (për biskota). Lyejeni sipër me larje vezësh, mbulojeni dhe lëreni në një vend të ngrohtë për 30 minuta.

Lyejeni pjesën e sipërme përsëri me vezë, më pas piqini në një furrë të parangrohur në 230°C/425°F/gaz pikën 7 për 15 deri në 20 minuta derisa të marrin ngjyrë të artë dhe të fryhen.

raunde pyjore

Bën tre bukë 12 oz / 350 g

450 g / 1 lb / 4 gota miell gruri integral (gruri i plotë)

20 ml / 4 lugë çaji pluhur pjekjeje

45 ml / 3 lugë gjelle pluhur karob

5 ml / 1 lugë çaji kripë

50 g / 2 oz / ½ filxhan lajthi të bluara

50 g / 2 oz / ½ filxhan arra të përziera të copëtuara

75 g / 3 oz / 1/3 filxhan yndyrë bimore (ghee)

75 g / 3 oz / ¼ filxhan mjaltë të lehtë

300 ml / ½ pt / 1¼ filxhan qumësht

2,5 ml / ½ lugë çaji esencë vanilje (ekstrakt)

1 vezë e rrahur

Përziejini përbërësit e thatë, më pas fërkojini me shkurtesën. Shkrihet mjalti në qumësht dhe esencë vanilje dhe përzihet me përbërësit e thatë derisa të bëhet një masë homogjene. Formoni në tre raunde dhe shtypni që të rrafshohen pak. Pritini pjesërisht çdo petë në gjashtë pjesë dhe lyejeni me vezë të rrahur. Vendoseni në një tepsi të lyer me yndyrë (për biskota) dhe piqini në një furrë të parangrohur në 230°C / 450°F / pikë gazi 8 për 20 minuta derisa të ngrihen mirë dhe të marrin ngjyrë të artë.

përdredhje arre

Jep një bukë 450 g / 1 lb

Për masën:

15 g / ½ oz maja e freskët ose 20 ml / 4 lugë çaji maja e thatë

40 g / 1½ oz / 3 lugë sheqer pluhur (shumë i imët)

100 ml / 3½ floz / 6 ½ lugë qumësht të ngrohtë

350 g / 12 oz / 3 gota miell të fortë për të gjitha qëllimet (bukë)

2.5 ml / ½ lugë kripë

50 g / 2 oz / ¼ filxhan gjalpë ose margarinë, të shkrirë

1 vezë

Për mbushjen dhe glazurën:

100 g / 4 oz / 1 filxhan bajame të bluara

2 te bardha veze

50 g / 2 oz / ¼ filxhan sheqer pluhur (shumë i imët)

2,5 ml / ½ lugë çaji kanellë të bluar

100 g / 4 oz / 1 filxhan lajthi të bluara

1 e verdhe veze

Për të bërë brumin, majanë e përzieni me 5 ml/1 lugë çaji sheqer dhe pak qumësht dhe e lini në një vend të ngrohtë për 20 minuta derisa të bëhet shkumë. Përzieni miellin dhe kripën në një tas dhe bëni një pus në qendër. Bashkoni përzierjen e majave, sheqerin dhe qumështin e mbetur, gjalpin ose margarinën e shkrirë dhe vezën dhe përziejini derisa të jenë të lëmuara. Ziejini derisa të bëhen elastike dhe të mos ngjiten më. Vendoseni në një tas të lyer me vaj, mbulojeni me një film të lyer me vaj (mbështjellës plastik) dhe lëreni në një vend të ngrohtë për rreth 1 orë derisa të dyfishohet në madhësi.

Hapeni brumin në një sipërfaqe të lyer pak me miell në një drejtkëndësh 30 x 40 cm / 12 x 16 inç. Përzieni përbërësit e mbushjes, përveç të verdhës së vezës, derisa të keni një pastë të lëmuar, më pas shpërndajeni mbi brumë, pak poshtë skajeve. Lyejeni skajet me pak të verdhë veze, më pas rrotulloni brumin nga ana e gjatë. Pritini brumin saktësisht përgjysmë për së gjati, më pas rrotulloni të dy pjesët së bashku, duke mbyllur skajet. Vendoseni në një tepsi të lyer me yndyrë (për biskota), mbulojeni dhe lëreni në një vend të ngrohtë për 30 minuta derisa të dyfishohet në madhësi. E lyejmë me të verdhën e vezës dhe e pjekim në furrë të parangrohur në 190°C/375°F/gaz 5 për 30 minuta derisa të marrin ngjyrë kafe të artë.

simite portokalli

Bën 24

Për masën:

1 oz / 25 g maja të freskët ose 2½ lugë gjelle / 40 ml maja e thatë

120 ml / 4 ml oz / ½ filxhan ujë të ngrohtë

75 g / 3 oz / 1/3 filxhan sheqer pluhur (super fine).

100 g / 4 oz / ½ filxhan sallo (shkurtim perimesh), i prerë në kubikë

5 ml / 1 lugë çaji kripë

250 ml / 8 ml oz / 1 filxhan qumësht të ngrohtë

60 ml / 4 lugë lëng portokalli

30 ml / 2 luge gjelle lekure portokalli te grire ne rende

2 vezë të rrahura

675 g / 1½ lb / 6 gota miell të fortë për të gjitha përdorimet (bukë)

Për kremin (bricën):

250 g / 9 oz / 1½ filxhan sheqer pluhur (të ëmbëlsirave)

5 ml / 1 lugë e vogël lëvozhgë portokalli të grirë

30 ml / 2 lugë lëng portokalli

Për të bërë brumin, majanë e tretim në ujin e vakët me 5 ml/1 lugë sheqer dhe e lëmë derisa të bëhet shkumë. Përzieni yndyrën me sheqerin dhe kripën e mbetur. Shtoni qumështin, lëngun e portokallit, lëkurën dhe vezët, më pas përzieni në masën e majave. Gradualisht shtoni miellin dhe përzieni derisa të fitoni një brumë të fortë. Gatuani mirë. Vendoseni në një tas të lyer me vaj, mbulojeni me një film të lyer me vaj (mbështjellës plastik) dhe lëreni në një vend të ngrohtë për rreth 1 orë derisa të dyfishohet në madhësi.

Hapeni në një trashësi rreth 2 cm / ¾ dhe priteni në feta me një prerës për biskota. Vendoseni të ndarë pak në një tepsi të lyer me yndyrë (për biskota) dhe lëreni në një vend të ngrohtë për 25 minuta. Lëreni të ftohet.

Për të bërë glazurën, vendosni sheqerin në një enë dhe përzieni me lëkurën e portokallit. Përziejeni gradualisht lëngun e portokallit derisa të përftoni një krem të fortë. Vendosini mbi simite kur të jenë të ftohtë dhe lërini të pushojnë.

dhimbje çokollatë

12 më parë

25 g / 1 oz / 2 lugë sallo (shkurtim perimesh)

450 g / 1 lb / 4 gota miell të fortë për të gjitha qëllimet (bukë)

2,5 ml / ½ lugë çaji sheqer pluhur (shumë i hollë)

10 ml / 2 lugë çaji kripë

1 oz / 25 g maja të freskët ose 2½ lugë gjelle / 40 ml maja e thatë

250 ml / 8 ml oz / 1 filxhan ujë të ngrohtë

2 vezë të rrahura lehtë

100 g / 4 oz / ½ filxhan gjalpë ose margarinë, të prerë në kubikë

100 g / 4 oz / 1 filxhan çokollatë e thjeshtë (gjysmë e ëmbël), e copëtuar në 12 copë

Fërkojeni yndyrën në miell, sheqer dhe kripë derisa përzierja të ngjajë me thërrimet e bukës, më pas bëni një pus në qendër. Përziejmë majanë me ujin dhe shtojmë në miell me një nga vezët. Punojeni përzierjen derisa të keni një brumë të lëmuar që të shkëputet pastër nga anët e tasit. Vendoseni në një sipërfaqe të lyer pak me miell dhe gatuajeni derisa të jetë e lëmuar dhe të mos ngjitet më. Hapeni brumin në një shirit 20 x 50 cm / 8 x 20 inç. Lyejeni dy të tretat e sipërme të brumit me një të tretën e gjalpit ose margarinës, duke lënë një boshllëk të vogël rreth buzës. Palosni pjesën e brumit të pa lyer lart mbi të tretën tjetër, më pas palosni të tretën e sipërme poshtë mbi të, shtypni skajet për të vulosur dhe kthyer brumin një çerek kthese në mënyrë që buza e palosur të jetë në të majtë. Përsëriteni procesin me të tretën tjetër të gjalpit ose margarinës, palosni dhe përsërisni edhe një herë që të jetë përdorur e gjithë yndyra. Hidheni brumin e palosur në një qese polietileni të lyer me yndyrë dhe ftohuni për 30 minuta. Rrokullisni, palosni dhe kthejeni brumin edhe tre herë pa shtuar më shumë yndyrë. Kthejeni në qese dhe ftohuni për 30 minuta.

Ndani brumin në 12 pjesë dhe hapeni në drejtkëndësha me gjerësi rreth 5 cm dhe trashësi 5 mm. Vendosni një copë çokollatë në qendër të secilës dhe rrotullojeni, duke mbyllur çokollatën. I vendosim të ndarë mirë në një tepsi të lyer me yndyrë (për biskota). Lyejeni sipër me larje vezësh, mbulojeni dhe lëreni në një vend të ngrohtë për 30 minuta.

Lyejeni pjesën e sipërme përsëri me vezë, më pas piqini në një furrë të parangrohur në 230°C/425°F/gaz pikën 7 për 15 deri në 20 minuta derisa të marrin ngjyrë të artë dhe të fryhen.

pandolce

Bën dy bukë 1½ lb / 675 g

175 g / 6 oz / 1 filxhan rrush të thatë

45 ml / 3 lugë gjelle Marsala ose sheri i ëmbël

1 oz / 25 g maja të freskët ose 2½ lugë gjelle / 40 ml maja e thatë

175 g / 6 oz / ¾ filxhan sheqer pluhur (shumë i imët)

400 ml / 14 ml oz / 1¾ filxhan qumësht të ngrohtë

900 g / 2 lb / 8 gota miell të thjeshtë (të gjitha qëllimet)

një majë kripë

45 ml / 3 lugë gjelle ujë me lule portokalli

75 g / 3 oz / 1/3 filxhan gjalpë ose margarinë, të shkrirë

50 g / 2 oz / ½ filxhan arra pishe

50 g / 2 oz / ½ filxhan fëstëkë

10 ml / 2 lugë çaji me fara të grimcuara kopër

50 g / 2 oz / 1/3 filxhan lëvozhgë limoni të kristalizuar (të sheqerosur), të copëtuar

lëkura e grirë e 1 portokalli

Përzieni rrushin e thatë dhe Marsala dhe lëreni të njomet. Përzieni majanë me 5 ml/1 lugë çaji sheqer dhe pak qumësht të vakët dhe lëreni në një vend të ngrohtë për 20 minuta derisa të bëhet shkumë. Përzieni miellin, kripën dhe sheqerin e mbetur në një tas dhe bëni një pus në qendër. Përzieni përzierjen e majave, qumështin e mbetur të ngrohtë dhe ujin me lule portokalli. Shtoni gjalpin ose margarinën e shkrirë dhe përziejini derisa të jenë të lëmuara. Ziejeni në një sipërfaqe të lyer me miell deri sa të bëhet elastike dhe të mos ngjitet më. Vendoseni në një tas të lyer me vaj, mbulojeni me një film të lyer me vaj (mbështjellës plastik) dhe lëreni në një vend të ngrohtë për rreth 1 orë derisa të dyfishohet në madhësi.

Shtypni ose hapeni brumin në një sipërfaqe të lyer pak me miell në trashësi rreth 1 cm / ½ inç. Spërkateni me rrushin e thatë, arrat, farat e koprës, lëvozhgat e limonit dhe portokallit. Rrotulloni brumin, më pas shtypni ose hapeni dhe rrotullojeni përsëri. Formoni në formë të rrumbullakët dhe vendoseni në një tepsi të lyer me yndyrë (për biskotat). Mbulojeni me një film të lyer me vaj dhe lëreni në një vend të ngrohtë për rreth 1 orë derisa të dyfishohet në masë.

Bëjmë një prerje trekëndore në pjesën e sipërme të bukës, më pas e pjekim në furrë të parangrohur në 190°C/375°F/gaz shenjë 5 për 20 minuta. Uleni temperaturën e furrës në 160°C / 325°F / shenjën e gazit 3 dhe piqni edhe për 1 orë të tjera derisa të marrë ngjyrë kafe të artë dhe të bëjë një tingull të zbrazët kur trokitni në fund.

Panetone

Bën një tortë 23 cm / 9 inç

1½ oz / 40 g maja të freskët ose 4 lugë gjelle / 60 ml maja të thatë

150 g / 5 oz / 2/3 filxhan sheqer pluhur (shumë i imët).

300 ml / ½ pt / 1¼ filxhan qumësht të ngrohtë

225 g / 8 oz / 1 filxhan gjalpë ose margarinë, të shkrirë

5 ml / 1 lugë çaji kripë

lëkura e grirë e 1 limoni

Një majë arrëmyshk të grirë

6 te verdha veze

675 g / 1½ lb / 6 gota miell të fortë për të gjitha përdorimet (bukë)

175 g / 6 oz / 1 filxhan rrush të thatë

175 g / 6 oz / 1 filxhan lëvore të përzier (të ëmbëlsuar) të copëtuar

75 g / 3 oz / ¼ filxhan bajame të copëtuara

Përzieni majanë me 5 ml/1 lugë sheqer me pak qumësht të vakët dhe lëreni në një vend të ngrohtë për 20 minuta derisa të bëhet shkumë. Përzieni gjalpin e shkrirë me sheqerin e mbetur, kripën, lëkurën e limonit, arrëmyshk dhe të verdhat e vezëve. Masën ia shtojmë miellit me masën e majave dhe e përziejmë derisa të jetë homogjene. Ziejeni derisa të mos ngjitet më. Vendoseni në një enë të lyer me yndyrë, mbulojeni me një film të lyer me vaj (mbështjellës plastik) dhe lëreni në një vend të ngrohtë për 20 minuta. Përziejmë së bashku rrushin e thatë, lëkurën e përzier dhe bajamet dhe e përziejmë brumin. Mbulojeni përsëri dhe lëreni në një vend të ngrohtë për 30 minuta të tjera.

Ziejeni brumin lehtë dhe më pas formoni në një tavë të thellë 23 cm / 9 të lyer me yndyrë dhe të shtruar. Mbulojeni dhe lëreni në një vend të ngrohtë për 30 minuta derisa brumi të ngrihet mirë mbi pjesën e sipërme të tepsisë. Piqeni në furrë të parangrohur në

190°C/375°F/gaz 5 për 1 orë e gjysmë derisa një hell i futur në qendër të dalë i pastër.

Bukë me mollë dhe hurma

Jep një bukë 900 g / 2 lb

350 g / 12 oz / 3 filxhanë miell që ngrihet vetë

50 g / 2 oz / ¼ filxhan sheqer kafe të butë

5 ml / 1 lugë erëza të përziera (byrek me mollë)

5 ml / 1 lugë çaji kanellë të bluar

2,5 ml / ½ lugë arrëmyshk i grirë

një majë kripë

1 mollë e madhe gatimi (byrek), e qëruar, e prerë dhe e prerë

175 g / 6 oz / 1 filxhan hurma pa kore, të copëtuara

Lëkura e grirë e ½ limoni

2 vezë të rrahura lehtë

150 ml / ¼ pt / 2/3 filxhan kos të thjeshtë

Përziejini përbërësit e thatë, më pas shtoni mollën, hurmat dhe lëkurën e limonit. Hapni një pus në qendër, shtoni vezët dhe kosin dhe përziejini gradualisht për të formuar një brumë. Vendoseni në një sipërfaqe të lyer pak me miell dhe formoni një tepsi të lyer me yndyrë dhe miell 900g/2lb. E pjekim në furrë të parangrohur në 160°C/325°F/gaz 3 për 1½ orë derisa të ngrihen mirë dhe të marrin ngjyrë të artë. Lëreni të ftohet në tepsi për 5 minuta, më pas vendoseni në një raft teli për të përfunduar ftohjen.

Bukë me mollë dhe sulltaneshë

Bën tre bukë 12 oz / 350 g

1 oz / 25 g maja të freskët ose 2½ lugë gjelle / 40 ml maja e thatë

10 ml / 2 lugë çaji ekstrakt malti

375 ml / 13 ml oz / 1½ filxhan ujë të ngrohtë

450 g / 1 lb / 4 gota miell gruri integral (gruri i plotë)

5 ml / 1 lugë çaji miell soje

50 g / 2 oz / ½ filxhan tërshërë të mbështjellë

2.5 ml / ½ lugë kripë

25 g / 1 oz / 2 lugë sheqer të butë kafe

15 ml / 1 lugë sallo (ghee)

8 oz / 225 g mollë gatimi (të tharta), të qëruara, të prera dhe të copëtuara

400 g / 14 oz / 21/3 filxhan sulltane (rrush të thatë)

2,5 ml / ½ lugë çaji kanellë të bluar

1 vezë e rrahur

Përzieni majanë me ekstraktin e maltit dhe pak ujë të ngrohtë dhe lëreni në një vend të ngrohtë derisa të bëhet shkumë. Përziejmë miellin, tërshërën, kripën dhe sheqerin, lyejmë me gjalpë dhe bëjmë një pus në qendër. Përzieni masën e majave dhe ujin e ngrohtë të mbetur dhe gatuajeni në një brumë të butë. Shtoni mollët, sulltanat dhe kanellën. Ziejini derisa të bëhen elastike dhe të mos ngjiten më. Vendoseni brumin në një tas të lyer me vaj dhe mbulojeni me një film ngjitës të lyer me vaj (mbështjellës plastik). Lëreni në një vend të ngrohtë për 1 orë derisa të dyfishohet në masë.

Ziejeni brumin lehtë, më pas formojini në tre raunde dhe rrafshoni pak, më pas vendoseni në një tepsi të lyer me yndyrë (biskotë). E lyejmë sipër me vezë të rrahur dhe e pjekim në furrë të parangrohur në 230°C/450°F/gaz 8 për 35 minuta derisa të ngrihet mirë dhe të tingëllojë e zbrazët kur trokitet fundi.

Surpriza me mollë dhe kanellë

10 më parë

Për masën:

1 oz / 25 g maja të freskët ose 2½ lugë gjelle / 40 ml maja e thatë

75 g / 3 oz / 1/3 filxhan sheqer kafe të butë

300 ml / ½ pt / 1¼ filxhan ujë të vakët

450 g / 1 lb / 4 gota miell gruri integral (gruri i plotë)

2.5 ml / ½ lugë kripë

25 g / 1 oz / ¼ filxhan qumësht të thatë (qumësht i skremuar pluhur)

5 ml / 1 lugë erëza të bluara të përziera (byrek me mollë)

5 ml / 1 lugë çaji kanellë të bluar

75 g / 3 oz / 1/3 filxhan gjalpë ose margarinë

15 ml / 1 lugë gjelle lëvozhgë portokalli të grirë në rende

1 vezë

Për mbushjen:

1 lb / 450 gr mollë gatimi (të tharta), të qëruara, me bërthama dhe të copëtuara trashë

75 g / 3 oz / ½ filxhan sulltane (rrush të thatë)

5 ml / 1 lugë çaji kanellë të bluar

Për glazurën:

15 ml / 1 lugë mjaltë e lehtë

30 ml / 2 lugë sheqer pluhur (superfin)

Për të bërë brumin, majanë e përzieni me pak sheqer dhe pak ujë të ngrohtë dhe e lini në një vend të ngrohtë për 20 minuta derisa të bëhet shkumë. Përzieni miellin, kripën, qumështin pluhur dhe erëzat. Lyejeni gjalpin ose margarinën, më pas shtoni lëkurën e portokallit dhe bëni një pus në qendër. Shtoni përzierjen e majave, ujin e mbetur të ngrohtë dhe vezën dhe përziejini derisa të jetë homogjene. Vendoseni në një enë të lyer me vaj, mbulojeni me një film të lyer me vaj (mbështjellës plastik) dhe lëreni në një vend të ngrohtë për 1 orë derisa të dyfishohet në madhësi.

Për të bërë mbushjen, gatuajini mollët dhe rrushin e thatë në një tigan me kanellë dhe pak ujë derisa të jenë të buta dhe të grimcuara.

Formoni brumin në 10 role, shtypni gishtin në qendër dhe derdhni pak nga mbushja, më pas mbyllni brumin rreth mbushjes.

Vendoseni në një tepsi të lyer me yndyrë (për biskota), mbulojeni me një film të lyer me vaj dhe lëreni në një vend të ngrohtë për 40 minuta. E pjekim në furrë të parangrohur në 230°C/450°F/gaz 8 për 15 minuta derisa të piqet. Lyejeni me mjaltë, spërkatni me sheqer dhe lëreni të ftohet.

Bukë çaji me kajsi

Jep një bukë 900 g / 2 lb

225 g / 8 oz / 2 gota miell që rritet vetë (maja)

100 g / 4 oz / 2/3 filxhan kajsi të thata

50 g / 2 oz / ½ filxhan bajame të copëtuara

50 g / 2 oz / ¼ filxhan sheqer kafe të butë

50 g / 2 oz / ¼ filxhan gjalpë ose margarinë

100 g / 4 oz / 1/3 filxhan shurup ari (misër i lehtë)

1 vezë

75 ml / 5 lugë qumësht

Thithni kajsitë në ujë të nxehtë për 1 orë, më pas kullojini dhe grijini.

Përzieni miellin, kajsitë, bajamet dhe sheqerin. Shkrini gjalpin ose margarinën dhe shurupin. Shtoni në përbërësit e thatë me vezën dhe qumështin. Hidheni në një tavë të lyer me yndyrë dhe të shtruar (kallaj) 900g/2lb dhe piqini në furrë të parangrohur në 180°C/350°F/gaz pikën 4 për 1 orë derisa të marrin ngjyrë kafe të artë dhe të fortë në prekje.

Bukë me kajsi dhe portokall

Jep një bukë 900 g / 2 lb

175 g / 6 oz / 1 filxhan kajsi të thata të copëtuara pa njomur

150 ml / ¼ pt / 2/3 filxhan lëng portokalli

400 g / 14 oz / 3½ filxhan miell të thjeshtë (të gjitha qëllimet)

175 g / 6 oz / ¾ filxhan sheqer pluhur (shumë i imët)

100 g / 4 oz / 2/3 filxhan rrush të thatë

7.5 ml / 1½ lugë çaji pluhur pjekjeje

2,5 ml / ½ lugë çaji sodë buke (sode buke)

2.5 ml / ½ lugë kripë

lëkura e grirë e 1 portokalli

1 vezë e rrahur lehtë

25 g / 1 oz / 2 lugë gjelle gjalpë ose margarinë, të shkrirë

Thithni kajsitë në lëngun e portokallit. Vendosni përbërësit e thatë dhe lëkurën e portokallit në një tas dhe bëni një pus në qendër. Përziejmë kajsitë dhe lëngun e portokallit, vezën dhe gjalpin ose margarinën e shkrirë dhe i punojmë derisa të jenë të forta. Hidhni me lugë në një tavë (kallaj) të lyer me yndyrë dhe të shtruar me 900 g/2 lb dhe piqini në një furrë të parangrohur në 180°C/350°F/gaz 4 për 1 orë derisa të marrin ngjyrë të artë dhe të fortë në prekje.

Bukë me kajsi dhe arra

Jep një bukë 900 g / 2 lb

15 g / ½ oz maja e freskët ose 20 ml / 4 lugë çaji maja e thatë

30 ml / 2 lugë mjaltë të lehtë

300 ml / ½ pt / 1¼ filxhan ujë të vakët

25 g / 1 oz / 2 lugë gjelle gjalpë ose margarinë

225 g / 8 oz / 2 gota miell gruri integral (gruri integral)

225 g / 8 oz / 2 gota miell të thjeshtë (të gjitha qëllimet)

5 ml / 1 lugë çaji kripë

75 g / 3 oz / ¾ filxhan arra, të copëtuara

175 g / 6 oz / 1 filxhan kajsi të thata të gatshme për t'u ngrënë, të copëtuara

Përzieni majanë me pak mjaltë dhe pak ujë dhe lëreni në një vend të ngrohtë për 20 minuta derisa të bëhet shkumë. Fërkoni gjalpin ose margarinën në miell dhe kripë dhe bëni një pus në qendër. Përzieni masën e majave dhe pjesën tjetër të mjaltit dhe ujit dhe përzieni që të formohet një brumë. Përziejini me arrat dhe kajsitë dhe gatuajeni derisa të jenë të lëmuara dhe të mos ngjiten më. Vendoseni në një enë të lyer me yndyrë, mbulojeni dhe lëreni në një vend të ngrohtë për 1 orë derisa të dyfishohet në madhësi.

Ziejeni përsëri brumin dhe formoni në një tepsi të lyer me yndyrë 900 g / 2 lb. Mbulojeni me një film ngjitës të lyer me vaj (mbështjellës plastik) dhe lëreni në një vend të ngrohtë për rreth 20 minuta derisa brumi të ngrihet pak mbi majën e tepsisë. Piqeni në një furrë të parangrohur në 220°C/425°F/gaz 7 për 30 minuta derisa të marrin ngjyrë kafe të artë dhe të tingëllojë e zbrazët kur trokitni fundin.

kurorë vjeshte

Bën një copë bukë të madhe

Për masën:

450 g / 1 lb / 4 gota miell gruri integral (gruri i plotë)

20 ml / 4 lugë çaji pluhur pjekjeje

75 g / 3 oz / 1/3 filxhan sheqer kafe të butë

5 ml / 1 lugë çaji kripë

2,5 ml / ½ lugë gjelle topuz i bluar

75 g / 3 oz / 1/3 filxhan yndyrë bimore (ghee)

3 te bardha veze

300 ml / ½ pt / 1¼ filxhan qumësht

Për mbushjen:

175 g / 6 oz / 1½ filxhan thërrime torte me grurë të plotë (gruri integrale)

50 g / 2 oz / ½ filxhan lajthi ose bajame të bluara

50 g / 2 oz / ¼ filxhan sheqer kafe të butë

75 g / 3 oz / ½ filxhan xhenxhefil i kristalizuar (i ëmbëlsuar), i copëtuar

30 ml / 2 lugë rum ose raki

1 vezë e rrahur lehtë

Për të lustruar:

15 ml / 1 lugë gjelle mjaltë

Për të bërë brumin, përzieni përbërësit e thatë së bashku dhe fshijini me yndyrë. Përzieni të bardhat e vezëve dhe qumështin së bashku dhe përzieni në masë derisa të keni një brumë të butë dhe të lakueshëm.

Përziejini përbërësit e mbushjes, duke përdorur mjaft vezë për të marrë një konsistencë të përhapur. Hapeni brumin në një sipërfaqe të lyer lehtë me miell në një drejtkëndësh 20 x 30 cm / 8 x 10. Përhapeni mbushjen mbi të gjithë, përveç 1 inçit të sipërm përgjatë skajit të gjatë. Rrokullisni nga buza e kundërt, si një role zvicerane (Jello) dhe njomni shiritin e thjeshtë të brumit për t'u mbyllur. Lagni çdo skaj dhe formoni rrotullën në një rreth, duke i mbyllur skajet së bashku. Duke përdorur gërshërë të mprehtë, bëni prerje të vogla rreth e qark për dekorim. Vendoseni në një tepsi të lyer me yndyrë (për biskota) dhe lyeni me vezën e mbetur. Lëreni të pushojë 15 minuta.

E pjekim në furrë të parangrohur në 230°C/450°F/gaz 8 për 25 minuta derisa të marrin ngjyrë kafe të artë. Lyejeni me mjaltë dhe lëreni të ftohet.

Bukë banane

Jep një bukë 900 g / 2 lb

75 g / 3 oz / 1/3 filxhan gjalpë ose margarinë, të zbutur

175 g / 6 oz / 2/3 filxhan sheqer pluhur (super fine).

2 vezë të rrahura lehtë

450 g / 1 kile delli të pjekur, të grirë

200 g / 7 oz / 1¾ filxhan miell që rritet vetë (maja)

75 g / 3 oz / ¾ filxhan arra, të copëtuara

100 g / 4 oz / 2/3 filxhan sulltana (rrush të thatë)

50 g / 2 oz / ½ filxhan qershi me lustër (të ëmbëlsuar)

2,5 ml / ½ lugë çaji sodë buke (sode buke)

një majë kripë

Lyejeni gjalpin ose margarinën dhe sheqerin derisa të zbehet dhe të bëhet me gëzof. Shtoni pak nga pak vezët dhe më pas shtoni bananet. Përziejini përbërësit e mbetur derisa të përzihen mirë. Hidheni në një tepsi të lyer me yndyrë dhe të shtruar (kallaj) 900 g/2 lb dhe piqini në furrë të parangrohur në 180°C/350°C/pika e gazit 4 për 1¼ orë derisa të ngrihet mirë dhe të forcohet në prekje.

Bukë banane me grurë të plotë

Jep një bukë 900 g / 2 lb

100 g / 4 oz / ½ filxhan gjalpë ose margarinë, i zbutur

50 g / 2 oz / ¼ filxhan sheqer kafe të butë

2 vezë të rrahura lehtë

3 banane, të grira

175 g / 6 oz / 1½ filxhan miell gruri integral (gruri i plotë)

100 g / 4 oz / 1 filxhan miell tërshërë

5 ml / 1 lugë çaji pluhur pjekjeje

5 ml / 1 lugë erëza të bluara të përziera (byrek me mollë)

30 ml / 2 lugë qumësht

Lyejeni gjalpin ose margarinën dhe sheqerin derisa të jenë të lehta dhe me gëzof. Shtoni pak nga pak vezët, shtoni bananet, më pas shtoni miellin, pluhurin për pjekje dhe përzierjen e erëzave. Shtoni qumësht të mjaftueshëm për të bërë një përzierje të qetë. Hidhni me lugë në një tepsi të lyer me yndyrë dhe të rreshtuar 900 g/2 lb (tepsi për bukë) dhe sipërfaqe të niveluar. E pjekim në furrë të parangrohur në 190°C/375°F/gaz 5, derisa sapo të ketë ardhur dhe të marrë ngjyrë kafe të artë.

Bukë me banane dhe arra

Jep një bukë 900 g / 2 lb

50 g / 2 oz / ¼ filxhan gjalpë ose margarinë

225 g / 8 oz / 2 gota miell që rritet vetë (maja)

50 g / 2 oz / ¼ filxhan sheqer pluhur (shumë i imët)

50 g / 2 oz / ½ filxhan arra të përziera të copëtuara

1 vezë e rrahur lehtë

75 g / 3 oz / 1/3 filxhan shurup të artë (misër i lehtë)

2 banane, të grira

15 ml / 1 lugë qumësht

Fërkoni gjalpin ose margarinën në miell, më pas shtoni sheqerin dhe arrat. Përzieni së bashku vezën, shurupin dhe bananet dhe qumështin e mjaftueshëm për të bërë një përzierje të butë. Hidheni me lugë në një tavë të lyer me yndyrë dhe të shtruar (kallaj) 900g/2lb dhe piqini në furrë të parangrohur në 180°C/350°F/gaz pikën 4 për rreth 1 orë derisa të piqet dhe të marrë ngjyrë të artë. Ruajeni për 24 orë përpara se ta shërbeni të prerë në feta dhe të lyer me gjalpë.

Bukë me qershi dhe mjaltë

Jep një bukë 900 g / 2 lb

175 g / 6 oz / ¾ filxhan gjalpë ose margarinë, të zbutur

75 g / 3 oz / 1/3 filxhan sheqer kafe të butë

60 ml / 4 lugë mjaltë të lehtë

2 vezë të rrahura

100 g / 4 oz / 2 gota miell gruri integral (gruri integral)

10 ml / 2 lugë çaji pluhur pjekjeje

100 g / 4 oz / ½ filxhan qershi me glazurë (të ëmbëlsuar), të copëtuara

45 ml / 3 lugë qumësht

Lyejeni gjalpin ose margarinën, sheqerin dhe mjaltin derisa të jenë të lehta dhe me gëzof. Shtoni gradualisht vezët duke i rrahur mirë pas çdo shtimi. Përziejini përbërësit e mbetur për të bërë një përzierje të qetë. Hidheni në një tavë të lyer me yndyrë dhe të shtruar (kallaj) 900 g/2 lb dhe piqini në furrë të parangrohur në 180°C/350°F/gaz 4 për 1 orë derisa një hell i futur në qendër të dalë i pastër. . Shërbejeni të prerë në feta dhe të lyer me gjalpë.

Rrotulla me arrëmyshk me kanellë

Bën 24

15 ml / 1 lugë maja e thatë

120 ml / 4 ml oz / ½ filxhan qumësht, i zier

50 g / 2 oz / ¼ filxhan sheqer pluhur (shumë i imët)

50 g / 2 oz / ¼ filxhan sallo (ghee)

5 ml / 1 lugë çaji kripë

120 ml / 4 ml oz / ½ filxhan ujë të ngrohtë

2,5 ml / ½ lugë arrëmyshk i grirë

1 vezë e rrahur

400 g / 14 oz / 3½ filxhan miell të fortë për të gjitha qëllimet (bukë)

45 ml / 3 lugë gjalpë ose margarinë, të shkrirë

175 g / 6 oz / ¾ filxhan sheqer kafe të butë

10 ml / 2 lugë çaji kanellë të bluar

75 g / 3 oz / ½ filxhan rrush të thatë

E tretim majanë në qumështin e ngrohtë me një lugë çaji sheqer pluhur dhe e lëmë derisa të bëhet shkumë. Përzieni sheqerin pluhur të mbetur, sallin dhe kripën. Hidhni në ujë dhe përzieni derisa të përzihet. Shtoni përzierjen e majave, më pas shtoni gradualisht arrëmyshkun, vezën dhe miellin. Ziejini derisa të përftoni një brumë të lëmuar. Vendoseni në një tas të lyer me vaj, mbulojeni me një film të lyer me vaj (mbështjellës plastik) dhe lëreni në një vend të ngrohtë për rreth 1 orë derisa të dyfishohet në madhësi.

Ndani brumin në gjysmë dhe hapeni në një sipërfaqe të lyer pak me miell në drejtkëndësha rreth ¼ inç / 5 mm të trasha. Lyejeni me gjalpë të shkrirë dhe spërkatni me sheqer kaf, kanellë dhe rrush të thatë. Rrokullisni në madhësinë më të gjatë dhe prisni secilën role në feta 12 cm të trasha. Vendosini fetat pak të ndara nga njëra-tjetra në një tepsi të lyer me yndyrë (për biskotat) dhe lërini në një vend të ngrohtë për 1 orë. E pjekim në furrë të parangrohur në 190°C/375°F/gaz 5 për 20 minuta derisa të piqet.

bukë me boronica

Jep një bukë 450 g / 1 lb

225 g / 8 oz / 2 gota miell të thjeshtë (të gjitha qëllimet)

2.5 ml / ½ lugë kripë

2,5 ml / ½ lugë çaji sodë buke (sode buke)

225 g / 8 oz / 1 filxhan sheqer pluhur (shumë i imët)

7.5 ml / 1½ lugë çaji pluhur pjekjeje

Lëngu dhe lëkura e 1 portokalli

1 vezë e rrahur

25 g / 1 oz / 2 lugë sallo (shkurtim perimesh), i shkrirë

4 oz / 100 gr boronicë të freskëta ose të ngrira, të grimcuara

50 g / 2 oz / ½ filxhan arra, të copëtuara trashë

Përziejini përbërësit e thatë në një tas të madh. Hidhni lëngun dhe lëkurën e portokallit në një enë matëse dhe mbushni me ujë deri në 175 ml / 6 floz / ¾ filxhan. Shtoni përbërësit e thatë me vezën dhe sallin. Shtoni boronicat dhe arrat. Hidhni me lugë në një tepsi të lyer me yndyrë 450 g/1 lb dhe piqeni në një furrë të parangrohur në 160°C/325°F/gaz shenjë 3 për rreth 1 orë derisa një hell i futur në qendër të dalë i pastër. Lëreni të ftohet dhe mbajeni për 24 orë para prerjes.

Bukë me hurma dhe gjalpë

Jep një bukë 900 g / 2 lb

Për bukën:

175 g / 6 oz / 1 filxhan hurma pa kore, të grira hollë

5 ml / 1 lugë çaji sodë buke (sode buke)

250 ml / 8 ml oz / 1 filxhan ujë të valë

75 g / 3 oz / 1/3 filxhan gjalpë ose margarinë, të zbutur

225 g / 8 oz / 1 filxhan sheqer kafe të butë

1 vezë e rrahur lehtë

5 ml / 1 lugë çaji esencë vanilje (ekstrakt)

225 g / 8 oz / 2 gota miell të thjeshtë (të gjitha qëllimet)

5 ml / 1 lugë çaji pluhur pjekjeje

një majë kripë

Për veshjen:

100 g / 4 oz / ½ filxhan sheqer kafe të butë

50 g / 2 oz / ¼ filxhan gjalpë ose margarinë

120 ml / 4 ml oz / ½ filxhan krem i thjeshtë (i lehtë).

Për të bërë bukën, përzieni hurmat, sodën dhe ujin e vluar dhe përzieni mirë, më pas lëreni të ftohet. Kremi gjalpin ose margarinën dhe sheqerin derisa të zbehet dhe të bëhet me gëzof, më pas rrahim gradualisht thelbin e vezëve dhe vaniljes. Shtoni miellin, pluhurin për pjekje dhe kripën. Hidheni përzierjen me lugë në një tavë të lyer me yndyrë dhe të shtruar (kallaj) 900 g/2 lb dhe piqeni në një furrë të parangrohur në 180°C/350°F/gaz shenjë 4 për 1 orë derisa një hell i futur në qendër të dalë i pastër.

Për të bërë sipër, shkrini sheqerin, gjalpin ose margarinën dhe kremin në zjarr të ulët derisa të bashkohen, më pas ziejini për 15 minuta, duke i përzier herë pas here. Hiqeni petën nga forma dhe hidheni sipër sipërmarrjes së nxehtë. Lëreni të ftohet.

Bukë hurme dhe banane

Jep një bukë 900 g / 2 lb

225 g / 8 oz / 11/3 filxhan hurma pa kore, të copëtuara

300 ml / ½ pt / 1¼ filxhan qumësht

5 ml / 1 lugë çaji sodë buke (sode buke)

100 g / 4 oz / ½ filxhan gjalpë ose margarinë

275 g / 10 oz / 2½ filxhan miell që rritet vetë (maja)

2 banane të pjekura, të grira

1 vezë e rrahur

75 g / 3 oz / ¾ filxhan lajthi, të copëtuara

30 ml / 2 lugë mjaltë të lehtë

Hidhni hurmat, qumështin dhe sodën e bukës në një tigan dhe lërini të ziejnë duke i trazuar. Lëreni të ftohet. Fërkoni gjalpin ose margarinën në miell derisa përzierja të ngjajë me thërrimet e bukës. Shtoni bananet, vezën dhe pjesën më të madhe të lajthive, duke i rezervuar disa për zbukurim. Hidheni në një tavë të lyer me yndyrë dhe të shtruar (kallaj) 900 g/2 lb dhe piqini në furrë të parangrohur në 180°C/350°F/gaz 4 për 1 orë derisa një hell i futur në qendër të dalë i pastër. . Lëreni të ftohet në tepsi për 5 minuta, më pas zbërthejeni dhe hiqni letrën e rreshtimit. Ngrohni mjaltin dhe lyeni me furçë pjesën e sipërme të tortës. Spërkateni me arra të rezervuara dhe lërini të ftohen plotësisht.

Bukë me hurma dhe portokalli

Jep një bukë 900 g / 2 lb

225 g / 8 oz / 11/3 filxhan hurma pa kore, të copëtuara

120 ml / 4 ml oz / ½ filxhan ujë

200 g / 7 oz / pak 1 filxhan sheqer kafe të butë

75 g / 3 oz / 1/3 filxhan gjalpë ose margarinë

Lëkura e grirë dhe lëngu i 1 portokalli

1 vezë e rrahur lehtë

225 g / 8 oz / 2 gota miell të thjeshtë (të gjitha qëllimet)

10 ml / 2 lugë çaji pluhur pjekjeje

5 ml / 1 lugë çaji kanellë të bluar

Ziejini hurmat në ujë për 15 minuta derisa të skuqen. Shtoni sheqerin derisa të tretet. Hiqeni nga zjarri dhe lëreni të ftohet pak. Rrihni së bashku gjalpin ose margarinën, lëkurën dhe lëngun e portokallit, më pas vezën. Rrihni së bashku miellin, pluhurin për pjekje dhe kanellën. Hidheni në një tavë të lyer me yndyrë dhe të shtruar (kallaj) 900 g/2 lb dhe piqini në furrë të parangrohur në 180°C/350°F/gaz 4 për 1 orë derisa një hell i futur në qendër të dalë i pastër. .

Bukë me hurma dhe arra

Jep një bukë 900 g / 2 lb

250 ml / 8 ml oz / 1 filxhan ujë të valë

225 g / 8 oz / 11/3 filxhan hurma pa kore, të copëtuara

10 ml / 2 lugë çaji sodë buke (sode buke)

25 g / 1 oz / 2 lugë gjelle yndyrë bimore (ghee)

225 g / 8 oz / 1 filxhan sheqer kafe të butë

2 vezë të rrahura

225 g / 8 oz / 2 gota miell të thjeshtë (të gjitha qëllimet)

5 ml / 1 lugë çaji kripë

50 g / 2 oz / ½ filxhan pekan, të copëtuara

Hidhni ujin e vluar mbi hurmat dhe sodën e bukës dhe lëreni derisa të vakët. Rrihni yndyrën bimore dhe sheqerin derisa të bëhen krem. Shtoni vezët pak nga pak. Përziejmë miellin me kripën dhe arrat, më pas shtojmë në masën kremoze në mënyrë të alternuar me hurmat dhe lëngun. Hidhni me lugë në një tavë (kallaj) të lyer me yndyrë 900g/2lb dhe piqini në një furrë të parangrohur në 180°C/350°F/gaz shenjë 4 për 1 orë derisa të jetë e fortë në prekje.

bukë çaji hurme

Jep një bukë 900 g / 2 lb

225 g / 8 oz / 2 gota miell të thjeshtë (të gjitha qëllimet)

100 g / 4 oz / ½ filxhan sheqer kafe të butë

një majë kripë

5 ml / 1 lugë erëza të bluara të përziera (byrek me mollë)

5 ml / 1 lugë çaji sodë buke (sode buke)

50 g / 2 oz / ¼ filxhan gjalpë ose margarinë, të shkrirë

15 ml / 1 lugë gjelle melasa me rrip të zi (melasa)

150 ml / ¼ pt / 2/3 filxhan çaj të zi

1 vezë e rrahur

75 g / 3 oz / ½ filxhan hurma pa kore, të copëtuara

Përzieni miellin, sheqerin, kripën, erëzat dhe sodën e bukës. Shtoni gjalpin, melasën, çajin dhe vezën dhe përziejini mirë derisa të jenë të lëmuara. Shtoni datat. Masën e derdhim në një tavë të lyer me yndyrë dhe të shtruar (kallaj) 900 g/2 lb dhe e pjekim në furrë të parangrohur në 180°C/350°F/gaz 4 për 45 minuta.

Bukë me hurma dhe arra

Jep një bukë 900 g / 2 lb

100 g / 4 oz / ½ filxhan gjalpë ose margarinë

175 g / 6 oz / 1½ filxhan miell gruri integral (gruri i plotë)

50 g / 2 oz / ½ filxhan miell tërshërë

10 ml / 2 lugë çaji pluhur pjekjeje

5 ml / 1 lugë erëza të bluara të përziera (byrek me mollë)

2,5 ml / ½ lugë çaji kanellë të bluar

50 g / 2 oz / ¼ filxhan sheqer kafe të butë

75 g / 3 oz / ½ filxhan hurma pa kore, të copëtuara

75 g / 3 oz / ¾ filxhan arra, të copëtuara

2 vezë të rrahura lehtë

30 ml / 2 lugë qumësht

Fërkoni gjalpin ose margarinën në miell, pluhur pjekjeje dhe erëza derisa përzierja të ngjajë me thërrimet e bukës. Shtoni sheqerin, hurmat dhe arrat. Përzieni vezët dhe qumështin për të bërë një brumë të butë. Formoni brumin në një tavë të lyer me yndyrë 900g/2lb (kallaj) dhe rrafshoni sipër. E pjekim në furrë të nxehur më parë në 160°C/325°F/gaz 3 për 45 minuta derisa të skuqen dhe të marrin ngjyrë kafe të artë.

bukë fiku

Jep një bukë 450 g / 1 lb

100 g / 4 oz / 1½ filxhan drithëra me krunde

100 g / 4 oz / ½ filxhan sheqer kafe të butë

100 g / 4 oz / 2/3 filxhan fiq të thatë, të copëtuar

30 ml / 2 lugë gjelle melasë e zezë (melasë)

250 ml / 8 ml oz / 1 filxhan qumësht

100 g / 4 oz / 1 filxhan miell gruri integral (gruri integral)

10 ml / 2 lugë çaji pluhur pjekjeje

Përzieni drithërat, sheqerin, fiqtë, melasën dhe qumështin dhe lëreni të qëndrojë për 30 minuta. Shtoni miellin dhe pluhurin për pjekje. Hidheni në një tavë (kallaj) të lyer me yndyrë 450g/1lb dhe piqeni në një furrë të parangrohur në 180°C/350°F/gaz shenjë 4 për 45 minuta derisa të forcohet dhe një hell i futur në qendër të dalë.

Bukë fiku dhe marsala

Jep një bukë 900 g / 2 lb

225 g / 8 oz / 1 filxhan gjalpë (e ëmbël) pa kripë ose margarinë, e zbutur

225 g / 8 oz / 1 filxhan sheqer kafe të butë

4 vezë të rrahura lehtë

45 ml / 3 lugë gjelle Marsala

5 ml / 1 lugë çaji esencë vanilje (ekstrakt)

200 g / 7 oz / 1¾ filxhan miell të thjeshtë (të gjitha qëllimet)

një majë kripë

50 g / 2 oz / 1/3 filxhan kajsi të thata të gatshme për t'u ngrënë, të copëtuara

50 g / 2oz / 1/3 filxhan hurma pa kore, të copëtuara

50 g / 2 oz / 1/3 filxhan fiq të thatë, të copëtuar

50 g / 2 oz / ½ filxhan arra të përziera të copëtuara

Lyejeni gjalpin ose margarinën dhe sheqerin derisa të jenë të lehta dhe me gëzof. Shtoni gradualisht vezët, më pas thelbin Marsala dhe vaniljen. Përzieni miellin dhe kripën me frutat dhe arrat, më pas shtoni në masë dhe përzieni mirë. Hidheni në një tavë të lyer me yndyrë dhe miell (kallaj) 900g/2lb dhe piqeni në furrë të parangrohur në 180°C/350°F/gaz 4 për 1 orë. Lëreni të ftohet në tepsi për 10 minuta, më pas vendoseni në një raft teli për të përfunduar ftohjen.

Rrotulla me fiku dhe mjaltë

12 më parë

1 oz / 25 g maja të freskët ose 2½ lugë gjelle / 40 ml maja e thatë

75 g / 3 oz / ¼ filxhan mjaltë të lehtë

300 ml / ½ pt / 1¼ filxhan ujë të vakët

100 g / 4 oz / 2/3 filxhan fiq të thatë, të copëtuar

15 ml / 1 lugë ekstrakt malti

450 g / 1 lb / 4 gota miell gruri integral (gruri i plotë)

15 ml / 1 lugë qumësht pluhur (qumësht i skremuar pluhur)

5 ml / 1 lugë çaji kripë

2,5 ml / ½ lugë arrëmyshk i grirë

40 g / 1½ oz / 2½ lugë gjelle gjalpë ose margarinë

Lëkura e 1 portokalli

1 vezë e rrahur

15 ml / 1 lugë fara susami

Përzieni majanë me 5 ml/1 lugë çaji mjaltë dhe pak ujë të vakët dhe lëreni në një vend të ngrohtë derisa të bëhet shkumë. Përzieni ujin e vakët të mbetur me fiqtë, ekstraktin e maltit dhe mjaltin e mbetur dhe lëreni të njomet. Përziejini së bashku miellin, qumështin e thatë, kripën dhe arrëmyshkun, më pas lyeni me gjalpin ose margarinën dhe shtoni lëkurën e portokallit. Hapni një pus në qendër dhe hidhni masën e majave dhe përzierjen e fikut. Përziejini derisa të jetë e qetë dhe gatuajeni derisa të mos ngjitet më. Vendoseni në një enë të lyer me vaj, mbulojeni me një film të lyer me vaj (mbështjellës plastik) dhe lëreni në një vend të ngrohtë për 1 orë derisa të dyfishohet në madhësi.

Ziejini lehtë, më pas formojini në 12 role dhe vendosini në një tepsi të lyer me yndyrë. Mbulojeni me një film transparent të lyer me vaj dhe lëreni në një vend të ngrohtë për 20 minuta. Lyejeni me vezë të rrahur dhe spërkatni me farat e susamit. Piqini në furrë të parangrohur në 230°C/450°F/gaz 8 për 15 minuta derisa të marrin ngjyrë kafe të artë dhe të tingëllojë e zbrazët kur trokitni fundin.

simite kryq te nxehte

12 më parë

Për tufat:

450 g / 1 lb / 4 gota miell të fortë (për bukë)

15 ml / 1 lugë maja e thatë

një majë kripë

5 ml / 1 lugë erëza të bluara të përziera (byrek me mollë)

50 g / 2 oz / ¼ filxhan sheqer pluhur (shumë i imët)

100 g / 4 oz / 2/3 filxhan rrush pa fara

25 g / 1 oz / 3 lugë gjelle lëvore të përzier (të sheqerosur) të copëtuar

1 vezë e rrahur

250 ml / 8 ml oz / 1 filxhan qumësht

50 g / 2 oz / ¼ filxhan gjalpë ose margarinë, të shkrirë

Për kryqet:

25 g / 1 oz / ¼ filxhan miell të thjeshtë (të gjitha qëllimet)

15 ml / 1 lugë gjelle ujë

pak vezë të rrahur

Për glazurën:

50 g / 2 oz / ¼ filxhan sheqer pluhur (shumë i imët)

150 ml / ¼ pt / 2/3 filxhan ujë

Për të bërë kërpudhat, përzieni së bashku përbërësit e thatë, rrush pa fara dhe lëkurën e kombinuar. Shtoni vezën, qumështin dhe gjalpin e shkrirë dhe përzieni derisa të keni një brumë të fortë që të bjerë nga anët e tasit. Vendoseni në një sipërfaqe të lyer pak me miell dhe gatuajeni për 5 minuta derisa të jetë e lëmuar dhe elastike. Ndani në 12 dhe formoni topa. Vendoseni të ndarë mirë në një tepsi të lyer me yndyrë (biskotë), mbulojeni me një film të lyer me yndyrë (mbështjellës plastik) dhe lëreni në një vend të ngrohtë për rreth 45 minuta derisa të dyfishohet në madhësi.

Vendosni miellin për kryqin në një tas të vogël dhe gradualisht përzieni me ujë të mjaftueshëm për të bërë një brumë. Shtrihuni për të formuar një fije të gjatë. Lyejeni majat e simiteve me vezë të rrahur, më pas shtypni butësisht një kryq brumi të prerë nga fija e gjatë në secilën prej tyre. E pjekim në furrë të parangrohur në 220°C/425°F/gaz 7 për 20 minuta derisa të marrin ngjyrë kafe të artë.

Për të bërë glazurën, tretni sheqerin në ujë dhe më pas zieni derisa të bëhet shurup. Lyejini tufat e nxehta me furçë dhe më pas transferojini në një raft ftohjeje.

Bukë kumbulle Lincolnshire

Bën tre bukë 450 g / 1 lb

15 g / ½ oz maja e freskët ose 20 ml / 4 lugë çaji maja e thatë

45 ml / 3 lugë sheqer kafe të butë

200 ml / 7 ml oz / pak 1 filxhan qumësht të ngrohtë

100 g / 4 oz / ½ filxhan gjalpë ose margarinë

450 g / 1 lb / 4 gota miell të thjeshtë (të gjitha qëllimet)

10 ml / 2 lugë çaji pluhur pjekjeje

një majë kripë

1 vezë e rrahur

450 g / 1 lb / 22/3 gota fruta të thata (përzierje për kek frutash)

Përzieni majanë me 5 ml/1 lugë çaji sheqer dhe pak qumësht të vakët dhe lëreni në një vend të ngrohtë për 20 minuta derisa të bëhet shkumë. Fërkoni gjalpin ose margarinën në miell, pluhur për pjekje dhe kripë derisa përzierja të ngjajë me thërrimet e bukës. Shtoni sheqerin e mbetur dhe bëni një pus në qendër. Përzieni së bashku përzierjen e majave, qumështin e mbetur të ngrohtë dhe vezën, më pas futeni në fruta për të bërë një brumë mjaft të fortë. Formoni tre tepsi (kifle) të lyer me yndyrë 450g/1lb dhe piqini në furrë të parangrohur në 150°C/300°F/gaz 2 për 2 orë derisa të marrin ngjyrë kafe të artë.

Scoons Londër

10 më parë

50 g / 2 oz maja e freskët ose 30 ml / 2 lugë maja e thatë

75 g / 3 oz / 1/3 filxhan sheqer kafe të butë

300 ml / ½ pt / 1¼ filxhan ujë të vakët

175 g / 6 oz / 1 filxhan rrush pa fara

25 g / 1 oz / 3 lugë hurma të copëtuara (pa gropë)

25 g / 1 oz / 3 lugë gjelle lëvore të përzier (të sheqerosur) të copëtuar

25 g / 1 oz / 2 lugë gjelle qershi të grira (të sheqerosura)

45 ml / 3 lugë lëng portokalli

450 g / 1 lb / 4 gota miell gruri integral (gruri i plotë)

2.5 ml / ½ lugë kripë

25 g / 1 oz / ¼ filxhan qumësht të thatë (qumësht i skremuar pluhur)

15 ml / 1 lugë gjelle erëza të bluara të përziera (byrek me mollë)

5 ml / 1 lugë çaji kanellë të bluar

75 g / 3 oz / 1/3 filxhan gjalpë ose margarinë

15 ml / 1 lugë gjelle lëvozhgë portokalli të grirë në rende

1 vezë

15 ml / 1 lugë mjaltë e lehtë

30 ml / 2 lugë bajame të grira (të prera)

Përziejmë majanë me pak sheqer dhe pak ujë të ngrohtë dhe e lëmë në një vend të ngrohtë për 20 minuta derisa të bëhet shkumë. Thithni rrush pa fara, hurmat, lëkurën e përzier dhe qershitë në lëngun e portokallit. Përzieni miellin, kripën, qumështin pluhur dhe erëzat. Lyejeni gjalpin ose margarinën, më pas shtoni lëkurën e portokallit dhe bëni një pus në qendër. Shtoni përzierjen e majave, ujin e mbetur të ngrohtë dhe vezën dhe përziejini derisa të jetë homogjene. Vendoseni në një tas të lyer me yndyrë, mbulojeni me film ngjitës (mbështjellës plastik) dhe lëreni në një vend të ngrohtë për 1 orë derisa të dyfishohet në madhësi.

Formoni brumin në 10 role dhe vendoseni në një tepsi të lyer me yndyrë (për biskota). Mbulojeni me film transparent të lyer me vaj dhe lëreni në një vend të ngrohtë për 45 minuta. E pjekim në furrë të parangrohur në 230°C/450°F/gaz 8 për 15 minuta derisa të piqet. Lyejeni me mjaltë, spërkatni me bajame dhe lëreni të ftohet.

bukë irlandeze e vendit

Jep një bukë 900 g / 2 lb

350 g / 12 oz / 3 gota miell gruri integral (gruri integral)

100 g / 4 oz / 1 filxhan tërshërë

100 g / 4 oz / 2/3 filxhan sulltana (rrush të thatë)

15 ml / 1 lugë gjelle pluhur pjekjeje

15 ml / 1 lugë gjelle sheqer pluhur (superfin).

5 ml / 1 lugë çaji sodë buke (sode buke)

5 ml / 1 lugë çaji kripë

10 ml / 2 lugë erëza të bluara të përziera (byrek me mollë)

Lëkura e grirë e ½ limoni

1 vezë e rrahur

300 ml / ½ pt / 1¼ filxhan dhallë ose kos natyral

150 ml / ¼ pt / 2/3 filxhan ujë

Përziejini të gjithë përbërësit e thatë dhe lëkurën e limonit dhe bëni një pus në qendër. Rrihni së bashku vezën, dhallën ose kosin dhe ujin. Përziejini me përbërësit e thatë dhe punoni derisa të përftoni një brumë të butë. Gatuani në një sipërfaqe të lyer pak me miell, më pas formoni një tepsi të lyer me yndyrë 900g/2lb. E pjekim në furrë të parangrohur në 200°C/400°F/gaz 6 për 1 orë derisa të skuqet mirë dhe të forcohet në prekje.

bukë malti

Jep një bukë 450 g / 1 lb

25 g / 1 oz / 2 lugë gjelle gjalpë ose margarinë

225 g / 8 oz / 2 gota miell që rritet vetë (maja)

25 g / 1 oz / 2 lugë sheqer të butë kafe

30 ml / 2 lugë gjelle melasë e zezë (melasë)

20 ml / 4 lugë çaji ekstrakt malti

150 ml / ¼ pt / 2/3 filxhan qumësht

75 g / 3 oz / ½ filxhan sulltane (rrush të thatë)

15 ml / 1 lugë gjelle sheqer pluhur (superfin).

30 ml / 2 lugë gjelle ujë

Fërkoni gjalpin ose margarinën në miell, më pas shtoni sheqerin kaf. Ngrohni melasën, ekstraktin e maltit dhe qumështin, më pas përzieni në përbërësit e thatë me rrushin e thatë dhe përziejini derisa të jenë të lëmuara. Kthejeni në një tavë (kallaj) të lyer me yndyrë 450g/1lb dhe piqini në një furrë të parangrohur në 160°C/325°F/gaz 3 për 1 orë derisa të marrin ngjyrë kafe të artë. Vërini sheqerin dhe ujin të vlojnë dhe ziejini derisa të bëhen shurup. Lyejeni bukën me furçë dhe lëreni të ftohet.

bukë me krunde malti

Jep një bukë 450 g / 1 lb

100 g / 4 oz / ½ filxhan sheqer kafe të butë

225 g / 8 oz / 11/3 filxhan fruta të thata të përziera (përzierje për kek frutash)

75g / 3oz Drithëra me krunde

250 ml / 8 ml oz / 1 filxhan qumësht

5 ml / 1 lugë erëza të bluara të përziera (byrek me mollë)

100 g / 4 oz / 1 filxhan miell që ngrihet vetë

Përzieni sheqerin, frutat, të gjitha krundet, qumështin dhe erëzat dhe lërini të qëndrojnë për 1 orë. Shtoni miellin dhe përziejini mirë. Hidheni në një tavë të lyer me yndyrë dhe të shtruar (kallaj) 450 g/1lb dhe piqeni në një furrë të parangrohur në 180°C/350°F/gaz 4 për 1½ orë derisa të jetë e fortë në prekje.

Bukë e plotë e maltit

Jep një bukë 900 g / 2 lb

25 g / 1 oz / 2 lugë gjelle gjalpë ose margarinë

30 ml / 2 lugë gjelle melasë e zezë (melasë)

45 ml / 3 lugë ekstrakt malti

150 ml / ¼ pt / 2/3 filxhan qumësht

175 g / 6 oz / 1½ filxhan miell gruri integral (gruri i plotë)

75 g / 3 oz / ¾ filxhan miell tërshërë

10 ml / 2 lugë çaji pluhur pjekjeje

100 g / 4 oz / 2/3 filxhan rrush të thatë

Shkrini gjalpin ose margarinën, melasën, ekstraktin e maltit dhe qumështin. Hidhni miellin, pluhurin për pjekje dhe rrushin e thatë dhe përziejini derisa të jenë homogjene. Duke përdorur një lugë, hidheni me lugë në një tepsi të lyer me yndyrë 900g/2lb dhe niveloni sipërfaqen. Piqeni në furrë të parangrohur në 200°C / 400°F / shenjë gazi 6 për 45 minuta derisa një hell i futur në qendër të dalë i pastër.

Buka e arrës së Fredës

Bën tre bukë 12 oz / 350 g

1 oz / 25 g maja të freskët ose 2½ lugë gjelle / 40 ml maja e thatë

10 ml / 2 lugë çaji ekstrakt malti

375 ml / 13 ml oz / 1½ filxhan ujë të ngrohtë

450 g / 1 lb / 4 gota miell gruri integral (gruri i plotë)

5 ml / 1 lugë çaji miell soje

50 g / 2 oz / ½ filxhan tërshërë të mbështjellë

2.5 ml / ½ lugë kripë

25 g / 1 oz / 2 lugë sheqer të butë kafe

15 ml / 1 lugë sallo (ghee)

100 g / 4 oz / 1 filxhan arra të përziera të copëtuara

175 g / 6 oz / 1 filxhan rrush pa fara

50 g / 2oz / 1/3 filxhan hurma pa kore, të copëtuara

50 g / 2 oz / 1/3 filxhan rrush të thatë

2,5 ml / ½ lugë çaji kanellë të bluar

1 vezë e rrahur

45 ml / 3 lugë bajame të grira (të prera)

Përzieni majanë me ekstraktin e maltit dhe pak ujë të ngrohtë dhe lëreni në një vend të ngrohtë derisa të bëhet shkumë. Përziejmë miellin, tërshërën, kripën dhe sheqerin, e lyejmë me gjalpë dhe bëjmë një vrimë në qendër. Përzieni masën e majave dhe ujin e ngrohtë të mbetur dhe gatuajeni në një brumë të butë. Përzieni arrat, rrush pa fara, hurmat, rrushin e thatë dhe kanellën. Ziejini derisa të bëhen elastike dhe të mos ngjiten më. Vendoseni brumin në një tas të lyer me vaj dhe mbulojeni me një film ngjitës të lyer me vaj (mbështjellës plastik). Lëreni në një vend të ngrohtë për 1 orë derisa të dyfishohet në masë.

Ziejeni brumin lehtë, më pas formojini në tre raunde dhe rrafshoni pak, më pas vendoseni në një tepsi të lyer me yndyrë (biskotë). Lyejeni sipër me vezë të rrahur dhe spërkatni me bajame. Piqeni në furrë të parangrohur në 230°C/450°F/gaz 8 për 35 minuta derisa të ngrihet mirë dhe të tingëllojë e zbrazët kur trokitet fundi.

Bukë me arra braziliane dhe hurma

Bën tre bukë 12 oz / 350 g

1 oz / 25 g maja të freskët ose 2½ lugë gjelle / 40 ml maja e thatë

10 ml / 2 lugë çaji ekstrakt malti

375 ml / 13 ml oz / 1½ filxhan ujë të ngrohtë

450 g / 1 lb / 4 gota miell gruri integral (gruri i plotë)

5 ml / 1 lugë çaji miell soje

50 g / 2 oz / ½ filxhan tërshërë të mbështjellë

2.5 ml / ½ lugë kripë

25 g / 1 oz / 2 lugë sheqer të butë kafe

15 ml / 1 lugë sallo (ghee)

100 g / 4 oz / 1 filxhan arra braziliane, të copëtuara

250 g / 9 oz / 1½ filxhan hurma pa kore, të copëtuara

2,5 ml / ½ lugë çaji kanellë të bluar

1 vezë e rrahur

45 ml / 3 lugë arra braziliane të prera në feta

Përzieni majanë me ekstraktin e maltit dhe pak ujë të ngrohtë dhe lëreni në një vend të ngrohtë derisa të bëhet shkumë. Përziejmë miellin, tërshërën, kripën dhe sheqerin, e lyejmë me gjalpë dhe bëjmë një vrimë në qendër. Përzieni masën e majave dhe ujin e ngrohtë të mbetur dhe gatuajeni në një brumë të butë. Shtoni arrat, hurmat dhe kanellën. Ziejini derisa të bëhen elastike dhe të mos ngjiten më. Vendoseni brumin në një tas të lyer me vaj dhe mbulojeni me një film ngjitës të lyer me vaj (mbështjellës plastik). Lëreni në një vend të ngrohtë për 1 orë derisa të dyfishohet në masë.

Ziejeni brumin lehtë, formojini në tre rrumbullakët dhe rrafshoni pak, më pas vendoseni në një tepsi të lyer me yndyrë (cookie). Lyejeni sipër me vezë të rrahur dhe spërkatni me arrat braziliane të prera në feta. Piqeni në furrë të parangrohur në 230°C/450°F/gaz 8 për 35 minuta derisa të ngrihet mirë dhe të tingëllojë e zbrazët kur trokitet fundi.

Bukë frutash Panastan

Bën tre bukë 175 g / 12 oz

1 oz / 25 g maja të freskët ose 2½ lugë gjelle / 40 ml maja e thatë

150 ml / ¼ pt / 2/3 filxhan ujë të ngrohtë

60 ml / 4 lugë mjaltë të lehtë

5 ml / 1 lugë ekstrakt malti

15 ml / 1 lugë fara luledielli

15 ml / 1 lugë fara susami

25 g / 1 oz / ¼ filxhan embrion gruri

450 g / 1 lb / 4 gota miell gruri integral (gruri i plotë)

5 ml / 1 lugë çaji kripë

50 g / 2 oz / ¼ filxhan gjalpë ose margarinë

175 g / 6 oz / 1 filxhan sulltane (rrush të thatë)

25 g / 1 oz / 3 lugë gjelle lëvore të përzier (të sheqerosur) të copëtuar

1 vezë e rrahur

Përzieni majanë me pak ujë të ngrohtë dhe 5 ml/1 lugë çaji mjaltë dhe lëreni në një vend të ngrohtë për 20 minuta derisa të bëhet shkumë. Përzieni mjaltin e mbetur dhe ekstraktin e maltit në ujin e vakët të mbetur. Skuqeni farat e luledillit dhe susamit dhe embrionin e grurit në një tigan të thatë, duke i trazuar derisa të skuqen lehtë. Vendoseni në një tas me miellin dhe kripën dhe lyeni me gjalpë ose margarinë. Shtoni rrushin e thatë dhe lëkurën e përzier dhe bëni një pus në qendër. Shtoni përzierjen e majave, përzierjen e ujit dhe vezën dhe gatuajeni në një brumë të butë. Vendoseni në një enë të lyer me vaj, mbulojeni me një film të lyer me vaj (mbështjellës plastik) dhe lëreni në një vend të ngrohtë për 1 orë derisa të dyfishohet në madhësi.

Ziejini lehtë, më pas formoni në tre petë dhe vendosini në një tepsi të lyer me yndyrë (për biskota) ose tepsi të lyer me yndyrë (tepsi). Mbulojeni me një film transparent të lyer me vaj dhe lëreni në një vend të ngrohtë për 20 minuta. Piqini në furrë të parangrohur në 230°C/450°F/gaz 8 për 40 minuta derisa të marrin ngjyrë kafe të artë dhe të tingëllojë e zbrazët kur trokitni fundin.

bukë kungulli

Bën dy bukë 450 g / 1 lb

350 g / 12 oz / 1½ filxhan sheqer pluhur (shumë i hollë)

120 ml / 4 ml oz / ½ filxhan vaj

2,5 ml / ½ lugë arrëmyshk i grirë

5 ml / 1 lugë çaji kanellë të bluar

5 ml / 1 lugë çaji kripë

2 vezë të rrahura

225 g / 8 oz / 1 filxhan kungull i gatuar dhe i grirë

60 ml / 4 lugë gjelle ujë

2,5 ml / ½ lugë çaji sodë buke (sode buke)

1,5 ml / ¼ lugë çaji pluhur pjekjeje

175 g / 6 oz / 1½ filxhan miell të thjeshtë (të gjitha qëllimet)

Përziejmë sheqerin, vajin, arrëmyshkun, kanellën, kripën dhe vezët dhe i rrahim mirë. Shtoni përbërësit e mbetur dhe përziejini derisa të jetë e qetë. Hidheni në dy tepsi të lyer me yndyrë 450g/1lb dhe piqini në furrë të parangrohur në 180°C/350°F/gaz 4 për 1 orë derisa një hell i futur në qendër të dalë i pastër.

Bukë me rrush të thatë

Bën dy bukë 450 g / 1 lb

15 ml / 1 lugë maja e thatë

120 ml / 4 ml oz / ½ filxhan ujë të ngrohtë

250 ml / 8 ml oz / 1 filxhan qumësht të ngrohtë

60 ml / 4 lugë vaj

50 g / 2 oz / ¼ filxhan sheqer

1 vezë e rrahur

10 ml / 2 lugë çaji kanellë të bluar

5 ml / 1 lugë çaji kripë

225 g / 8 oz / 11/3 filxhan rrush të thatë, të njomur në ujë të ftohtë gjatë natës

550 g / 1¼ lb / 5 gota miell të fortë për të gjitha qëllimet (bukë)

Majanë e tretim në ujin e vakët dhe e lëmë derisa të bëhet shkumë. Përzieni qumështin, vajin, sheqerin, vezën, kanellën dhe kripën. Kulloni rrushin e thatë dhe i përzieni në masë. Shtoni përzierjen e majave. Fusni gradualisht miellin dhe përzieni derisa të keni një brumë të fortë. Vendoseni në një tas të lyer me yndyrë dhe mbulojeni me një film ngjitës të lyer me yndyrë (mbështjellës plastik). Lëreni në një vend të ngrohtë për rreth 1 orë që të rritet derisa të dyfishohet në masë.

Përziejini përsëri dhe formoni dy tepsi (kifle) të lyer me yndyrë 450 g/1 lb. Mbulojeni me film të lyer me vaj dhe lëreni sërish në një vend të ngrohtë derisa brumi të ngrihet mbi format. E pjekim në furrë të parangrohur në 150°C/300°F/gaz 2 për 1 orë derisa të marrin ngjyrë kafe të artë.

thith rrush të thatë

Jep dy bukë 450 g/1 lb

450 g / 1 lb / 4 gota miell të thjeshtë (të gjitha qëllimet)

2.5 ml / ½ lugë kripë

5 ml / 1 lugë erëza të bluara të përziera (byrek me mollë)

225 g / 8 oz / 11/3 filxhan rrush të thatë, të copëtuar

10 ml / 2 lugë çaji sodë buke (sode buke)

100 g / 4 oz / ½ filxhan gjalpë ose margarinë, të shkrirë

225 g / 8 oz / 1 filxhan sheqer pluhur (shumë i imët)

450 ml / ¾ pt / 2 gota qumësht

15 ml / 1 lugë gjelle lëng limoni

30 ml / 2 lugë reçel kajsie (konserva), të situr (të kulluara)

Përziejini së bashku miellin, kripën, përzierjen e erëzave dhe rrushin e thatë. Përziejeni sodën e bukës në gjalpin e shkrirë derisa të përzihet, më pas përzieni të gjithë përbërësit së bashku derisa të përzihen mirë. Mbulojeni dhe lëreni të qëndrojë gjatë gjithë natës.

Hidheni masën me lugë në dy tepsi (tepikë) të lyer me yndyrë dhe të veshur me 450g/1lb dhe piqeni në një furrë të parangrohur në 180°C/350°F/gaz shenjë 4 për 1 orë derisa një hell i futur në qendër të dalë i pastër.

Bukë me raven dhe hurma

Jep një bukë 900 g / 2 lb

8 oz / 225 g raven, i copëtuar

50 g / 2 oz / ¼ filxhan gjalpë ose margarinë

225 g / 8 oz / 2 gota miell të thjeshtë (të gjitha qëllimet)

15 ml / 1 lugë gjelle pluhur pjekjeje

175 g / 6 oz / 1 filxhan hurma, pa sfera dhe të grira hollë

1 vezë e rrahur

60 ml / 4 lugë qumësht

Lani ravenin dhe ziejini vetëm me ujin që të ngjitet në copa derisa të jetë e qetë. Fërkoni gjalpin ose margarinën në miell dhe pluhur pjekjeje derisa përzierja të ngjajë me thërrimet e bukës. Shtoni raven, hurmat, vezën dhe qumështin dhe përziejini mirë. Hidheni në një tavë të lyer me yndyrë dhe të shtruar (kallaj) 900g/2lb dhe piqini në furrë të parangrohur në 190°C/375°F/gaz 5 për 1 orë derisa të jetë e fortë në prekje.

bukë orizi

Jep një bukë 900 g / 2 lb

75 g / 3 oz / 1/3 filxhan arborio ose oriz tjetër me kokërr mesatare

500 ml / 17 ml oz / 2½ filxhan ujë të ngrohtë

15 g / ½ oz maja e freskët ose 20 ml / 4 lugë çaji maja e thatë

30 ml / 2 lugë ujë të vakët

550 g / 1½ lb / 6 gota miell të fortë për të gjitha përdorimet (bukë)

15 ml / 1 lugë gjelle kripë

Vendosni orizin dhe gjysmën e ujit të ngrohtë në një tenxhere, lëreni të vlojë, mbulojeni dhe ziejini për rreth 25 minuta derisa orizi të ketë thithur të gjithë lëngun dhe në sipërfaqe të shfaqen vrima flluskash.

Ndërkohë përziejmë majanë me ujin e ngrohtë. Kur orizi të jetë zier, shtoni miellin, kripën, përzierjen e majave dhe ujin e ngrohtë të mbetur dhe përzieni derisa të keni një brumë të njomë. Mbulojeni me një film të lyer me vaj (mbështjellës plastik) dhe lëreni në një vend të ngrohtë për rreth 1 orë derisa të dyfishohet në masë.

Ziejeni brumin në një sipërfaqe të lyer me miell, më pas formoni një tepsi të lyer me yndyrë 900g/2lb. Mbulojeni me një film të lyer me vaj dhe lëreni në një vend të ngrohtë derisa brumi të ngrihet mbi pjesën e sipërme të tepsisë. Piqni në furrë të parangrohur në 230°C/450°F/shënjimin e gazit 8 për 15 minuta, më pas ulni temperaturën e furrës në 200°C/400°F/shenja e gazit 6 dhe piqni edhe për 15 minuta të tjera. Hiqeni nga tava dhe kthejeni në furrë për 15 minuta të tjera derisa të jenë të freskëta dhe të arta.

Çaj nga Buka e Orizit dhe Arra

Bën dy bukë 900 g / 2 lb

100 g / 4 oz / ½ filxhan oriz me kokërr të gjatë

300 ml / ½ pt / 1¼ filxhan lëng portokalli

400 g / 14 oz / 1¾ filxhan sheqer pluhur (super fine).

2 vezë të rrahura

50 g / 2 oz / ¼ filxhan gjalpë ose margarinë, të shkrirë

Lëkura e grirë dhe lëngu i 1 portokalli

225 g / 8 oz / 2 gota miell të thjeshtë (të gjitha qëllimet)

175 g / 6 oz / 1½ filxhan miell gruri integral (gruri i plotë)

10 ml / 2 lugë çaji pluhur pjekjeje

5 ml / 1 lugë çaji sodë buke (sode buke)

5 ml / 1 lugë çaji kripë

50 g / 2 oz / ½ filxhan arra, të copëtuara

50 g / 2 oz / 1/3 filxhan sulltana (rrush të thatë)

50 g / 2 oz / 1/3 filxhan sheqer pluhur (të ëmbëlsirave), i situr

Gatuani orizin në ujë të bollshëm me kripë të vluar për rreth 15 minuta derisa të zbutet, më pas kullojeni, shpëlajeni nën ujë të ftohtë dhe kullojeni përsëri. Përzieni së bashku lëngun e portokallit, sheqerin, vezët, gjalpin e shkrirë ose margarinën dhe të gjitha, përveç 2,5 ml / ½ lugë çaji lëvozhgë portokalli; rezervoni pjesën tjetër dhe lëngun për glazurën. Përzieni miellin, pluhurin për pjekje, sodën dhe kripën dhe shtoni masën e sheqerit. Shtoni orizin, arrat dhe sulltanat. Hidheni masën me lugë në dy tepsi të lyer me yndyrë 900g/2lb dhe piqeni në një furrë të parangrohur në 180°C/350°F/gaz shenjë 4 për 1 orë derisa një hell i futur në qendër të dalë i pastër. Lërini të ftohen në tepsi për 10 minuta, më pas vendosini në një raft teli për të përfunduar ftohjen.

Përzieni pluhurin e sheqerit me lëkurën e rezervuar të portokallit dhe lëngun e mjaftueshëm për të bërë një pastë të butë dhe të trashë. Spërkatni bukët dhe lërini të pushojnë. Shërbejeni të prerë në feta dhe të lyer me gjalpë.

Rrotulla sheqeri kaçurrelë

rreth 10 vjet më parë

50 g / 2 oz maja e freskët ose 75 ml / 5 lugë maja e thatë

75 g / 3 oz / 1/3 filxhan sheqer kafe të butë

300 ml / ½ pt / 1¼ filxhan ujë të vakët

175 g / 6 oz / 1 filxhan rrush pa fara

25 gr / 1 oz / 3 lugë hurma pa kore, të copëtuara

45 ml / 3 lugë lëng portokalli

450 g / 1 lb / 4 gota miell gruri integral (gruri i plotë)

2.5 ml / ½ lugë kripë

25 g / 1 oz / ¼ filxhan qumësht të thatë (qumësht i skremuar pluhur)

15 ml / 1 lugë gjelle erëza të bluara të përziera (byrek me mollë)

75 g / 3 oz / 1/3 filxhan gjalpë ose margarinë

15 ml / 1 lugë gjelle lëvozhgë portokalli të grirë në rende

1 vezë

Për mbushjen:

30 ml / 2 lugë vaj

75 g / 3 oz / 1/3 filxhan sheqer demerara

Për glazurën:

15 ml / 1 lugë mjaltë e lehtë

30 ml / 2 lugë arra të grira

Përzieni majanë me pak sheqer kaf të butë dhe pak ujë të ngrohtë dhe lëreni në një vend të ngrohtë për 20 minuta derisa të bëhet shkumë. Thithni rrush pa fara dhe hurma në lëngun e portokallit. Përzieni miellin, kripën, qumështin e thatë dhe përzierjen e erëzave. Lyejeni gjalpin ose margarinën, më pas shtoni lëkurën e portokallit dhe bëni një pus në qendër. Shtoni përzierjen e majave, ujin e mbetur të ngrohtë dhe vezën dhe përziejini derisa të jetë homogjene. Vendoseni në një enë të lyer me vaj, mbulojeni me një film të lyer me vaj (mbështjellës plastik) dhe lëreni në një vend të ngrohtë për 1 orë derisa të dyfishohet në madhësi.

Hapeni brumin në një sipërfaqe të lyer pak me miell për të formuar një drejtkëndësh të madh. Lyejeni me vaj dhe spërkatni me sheqer demerara. Rrotulloni si një rrotull (pelte) zvicerane dhe priteni në rreth dhjetë feta 1/2.5 cm. Vendoseni në një tepsi të lyer me yndyrë (për biskotat) me një distancë prej rreth 1 cm / ½ inç, mbulojeni me një film të lyer me vaj dhe lëreni në një vend të ngrohtë për 40 minuta. E pjekim në furrë të parangrohur në 230°C/450°F/gaz 8 për 15 minuta derisa të piqet. Lyejeni me mjaltë, spërkatni me arra dhe lëreni të ftohet.

Selkirk Bannock

Jep një bukë 450 g / 1 lb

Për masën:

225 g / 8 oz / 2 gota miell të thjeshtë (të gjitha qëllimet)

një majë kripë

50 g / 2 oz / ¼ filxhan sallo (ghee)

150 ml / ¼ pt / 2/3 filxhan qumësht

15 g / ½ oz maja e freskët ose 20 ml / 4 lugë çaji maja e thatë

50 g / 2 oz / ¼ filxhan sheqer pluhur (shumë i imët)

100 g / 4 oz / 2/3 filxhan sulltana (rrush të thatë)

Për glazurën:

25 g / 1 oz / 2 lugë sheqer pluhur (shumë i imët)

30 ml / 2 lugë gjelle ujë

Për të bërë brumin, përzieni miellin dhe kripën. Shkrihet salloja, shtohet qumështi dhe ngrohet gjaku. Hidhni majanë dhe shtoni 5 ml/1 lugë sheqer. Lëreni për rreth 20 minuta derisa të bëhet shkumë. Hapni një pus në qendër të miellit dhe derdhni përzierjen e majave. Shtoni gradualisht miellin dhe gatuajeni për 5 minuta. Mbulojeni dhe vendoseni në një vend të ngrohtë për 1 orë që të ngrihet. Transferoni në një sipërfaqe pune të lyer me miell dhe shtoni rrushin e thatë dhe sheqerin e mbetur. Formoni në një formë të madhe dhe vendoseni në një tepsi të lyer me yndyrë (për biskota). Mbulojeni me një film të lyer me vaj (film i pastër) dhe lëreni në një vend të ngrohtë derisa të dyfishohet në madhësi. E pjekim në furrë të parangrohur në 220°C / 425°F / markë gazi 7 për 15 minuta. Uleni temperaturën e furrës në 190°C / 375°F / shenjën e gazit 5 dhe piqni edhe për 25 minuta të tjera. Hiqeni nga furra.

Bukë sulltaneshë dhe karobë

Jep një bukë 900 g / 2 lb

150 g / 5 oz / 1¼ filxhan miell gruri integral (gruri integral)

15 ml / 1 lugë gjelle pluhur pjekjeje

25 g / 1 oz / ¼ filxhan pluhur karob

50 g / 2 oz / ½ filxhan tërshërë

50 g / 2 oz / ¼ filxhan gjalpë ose margarinë, të zbutur

175 g / 6 oz / 1 filxhan sulltane (rrush të thatë)

2 vezë të rrahura

150 ml / ¼ pt / 2/3 filxhan qumësht

60 ml / 4 lugë vaj

Përzieni përbërësit e thatë. Lyejeni me gjalpë ose margarinë, më pas shtoni sulltanat. Rrihni së bashku vezët, qumështin dhe vajin, më pas përzieni në përzierjen e miellit për të bërë një brumë të butë. Formoni në një tavë (kallaj) të lyer me yndyrë 900g/2lb dhe piqini në furrë të parangrohur në 180°C/350°F/gaz shenjë 4 për 1 orë derisa të jetë e fortë në prekje.

Sulltaneshë dhe bukë portokalli

Bën dy bukë 450 g / 1 lb

Për masën:

450 g / 1 lb / 4 gota miell gruri integral (gruri i plotë)

20 ml / 4 lugë çaji pluhur pjekjeje

75 g / 3 oz / 1/3 filxhan sheqer kafe të butë

5 ml / 1 lugë çaji kripë

2,5 ml / ½ lugë gjelle topuz i bluar

75 g / 3 oz / 1/3 filxhan yndyrë bimore (ghee)

3 te bardha veze

300 ml / ½ pt / 1¼ filxhan qumësht

Për mbushjen:

175 g / 6 oz / 1½ filxhan thërrime torte me grurë të plotë (gruri integrale)

50 g / 2 oz / ½ filxhan bajame të bluara

50 g / 2 oz / ¼ filxhan sheqer kafe të butë

100 g / 4 oz / 2/3 filxhan sulltana (rrush të thatë)

30 ml / 2 lugë lëng portokalli

1 vezë e rrahur lehtë

Për glazurën:

15 ml / 1 lugë gjelle mjaltë

Për të bërë brumin, përzieni përbërësit e thatë së bashku dhe fshijini me yndyrë. Përzieni të bardhat e vezëve dhe qumështin dhe përzieni në masë derisa të keni një brumë të butë dhe të lakueshëm. Kombinoni përbërësit e mbushjes, duke përdorur mjaft vezë për të marrë një konsistencë të përhapur. Hapeni brumin në një sipërfaqe të lyer lehtë me miell në një drejtkëndësh 20 x 30 cm / 8 x 10. Përhapeni mbushjen mbi të gjithë, përveç 1 inçit të sipërm përgjatë skajit të gjatë. Rrokullisni nga buza e kundërt, si një role zvicerane (Jello) dhe njomni shiritin e thjeshtë të brumit për t'u mbyllur. Lagni çdo skaj dhe formoni rrotullën në një rreth, duke i mbyllur skajet së bashku. Duke përdorur gërshërë të mprehtë, bëni prerje të vogla rreth e qark për dekorim.

Vendoseni në një tepsi të lyer me yndyrë (për biskota) dhe lyeni me vezën e mbetur.

E pjekim në furrë të parangrohur në 230°C/450°F/gaz 8 për 25 minuta derisa të marrin ngjyrë kafe të artë. Lyejeni me mjaltë dhe lëreni të ftohet.

Bukë sulltaneshë dhe jerez

Jep një bukë 900 g / 2 lb

225 g / 8 oz / 1 filxhan gjalpë (e ëmbël) pa kripë ose margarinë, e zbutur

225 g / 8 oz / 1 filxhan sheqer kafe të butë

4 vezë

45 ml / 3 lugë sheri të ëmbël

5 ml / 1 lugë çaji esencë vanilje (ekstrakt)

200 g / 7 oz / 1¾ filxhan miell të thjeshtë (të gjitha qëllimet)

një majë kripë

75 g / 3 oz / ½ filxhan sulltane (rrush të thatë)

50 g / 2oz / 1/3 filxhan hurma pa kore, të copëtuara

50 g / 2 oz / 1/3 filxhan fiq të thatë, të prerë në kubikë

50 g / 2 oz / ½ filxhan lëvore të përzier (të sheqerosur) të copëtuar

Lyejeni gjalpin ose margarinën dhe sheqerin derisa të jenë të lehta dhe me gëzof. Shtoni gradualisht vezët, më pas sherin dhe thelbin e vaniljes. Përzieni miellin dhe kripën me frutat, më pas shtoni në masë dhe përzieni mirë. Hidheni në një tavë të lyer me yndyrë dhe miell (kallaj) 900g/2lb dhe piqeni në furrë të parangrohur në 180°C/350°F/gaz 4 për 1 orë. Lëreni të ftohet në tepsi për 10 minuta, më pas vendoseni në një raft teli për të përfunduar ftohjen.

bukë çaji vilë

Bën dy bukë 450 g / 1 lb

Për masën:

1 oz / 25 g maja të freskët ose 2½ lugë gjelle / 40 ml maja e thatë

15 ml / 1 lugë gjelle sheqer kaf të butë

300 ml / ½ pt / 1¼ filxhan ujë të vakët

15 ml / 1 lugë gjelle gjalpë ose margarinë

450 g / 1 lb / 4 gota miell gruri integral (gruri i plotë)

15 ml / 1 lugë qumësht pluhur (qumësht i skremuar pluhur)

5 ml / 1 lugë erëza të bluara të përziera (byrek me mollë)

2.5 ml / ½ lugë kripë

1 vezë

175 g / 6 oz / 1 filxhan rrush pa fara

100 g / 4 oz / 2/3 filxhan sulltana (rrush të thatë)

50 g / 2 oz / 1/3 filxhan rrush të thatë

50 g / 2 oz / 1/3 filxhan lëvore të përzier (të sheqerosur) të copëtuar

Për glazurën:

15 ml / 1 lugë gjelle lëng limoni

15 ml / 1 lugë gjelle ujë

Një majë erëzash të bluara të përziera (byrek me mollë)

Për të bërë brumin, përzieni majanë me sheqerin me pak ujë të ngrohtë dhe lëreni në një vend të ngrohtë për 10 minuta derisa të bëhet shkumë. Fërkoni gjalpin ose margarinën në miell, më pas shtoni qumështin e thatë, përzierjen e erëzave dhe kripën dhe bëni një pus në qendër. Shtoni vezën, përzierjen e majave dhe ujin e mbetur të ngrohtë dhe përzieni derisa të formohet brumi. Ziejeni derisa të jetë e qetë dhe elastike. Punoni në rrush pa fara, rrush të thatë, rrush të thatë dhe lëkurë të përzier. Vendoseni në një enë të lyer me vaj, mbulojeni me një film të lyer me vaj (mbështjellës plastik) dhe lëreni në një vend të ngrohtë për 45 minuta. Formoni dy tepsi (kifle) të lyer me yndyrë 450g/1lb. Mbulojeni me film transparent të lyer me vaj dhe lëreni në një vend të ngrohtë për 15 minuta. E pjekim në furrë të parangrohur në 220°C/425°F/gaz 7 për 30 minuta derisa të marrin ngjyrë kafe të artë. Hiqeni nga kutia. Përziejini së bashku përbërësit e glazurës dhe lyeni me furçë mbi bukë të nxehta dhe më pas lërini të ftohen.

ëmbëlsira çaji

Bën 6

15 g / ½ oz maja e freskët ose 20 ml / 4 lugë çaji maja e thatë

300 ml / ½ pt / 1¼ filxhan qumësht të ngrohtë

25 g / 1 oz / 2 lugë sheqer pluhur (shumë i imët)

25 g / 1 oz / 2 lugë gjelle gjalpë ose margarinë

450 g / 1 lb / 4 gota miell të thjeshtë (të gjitha qëllimet)

5 ml / 1 lugë çaji kripë

50 g / 2 oz / 1/3 filxhan sulltana (rrush të thatë)

Përzieni majanë me qumështin e ngrohtë dhe pak sheqer dhe lëreni në një vend të ngrohtë derisa të bëhet shkumë. Fërkoni gjalpin ose margarinën në miell dhe kripë, më pas shtoni sheqerin e mbetur dhe rrushin e thatë. Shtoni përzierjen e majave dhe përzieni derisa të jetë e qetë. Vendoseni në një sipërfaqe të lyer pak me miell dhe gatuajeni derisa të jetë e qetë. Vendoseni në një tas të lyer me yndyrë, mbulojeni me një film të lyer me vaj (mbështjellës plastik) dhe lëreni në një vend të ngrohtë derisa të dyfishohet në madhësi. Ziejeni përsëri brumin, më pas ndajeni në gjashtë pjesë dhe rrotullojeni secilën në një top. Rrafshoni pak në një tepsi të lyer me yndyrë (për biskota), mbulojeni me një film të lyer me yndyrë dhe lëreni përsëri në një vend të ngrohtë derisa të dyfishohet në madhësi.

bukë me arra

Jep një bukë 900 g / 2 lb

350 g / 12 oz / 3 gota miell të thjeshtë (të gjitha qëllimet)

15 ml / 1 lugë gjelle pluhur pjekjeje

225 g / 8 oz / 1 filxhan sheqer kafe të butë

5 ml / 1 lugë çaji kripë

1 vezë e rrahur lehtë

50 g / 2 oz / ¼ filxhan sallo (shkurtim perimesh), i shkrirë

375 ml / 13 ml oz / 1½ filxhan qumësht

5 ml / 1 lugë çaji esencë vanilje (ekstrakt)

175 g / 6 oz / 1½ filxhan arra, të copëtuara

Përzieni miellin, pluhurin për pjekje, sheqerin dhe kripën dhe bëni një pus në qendër. Shtoni vezën, gjalpin, qumështin dhe thelbin e vaniljes, më pas shtoni arrat. Hidhni me lugë në një tavë (kallaj) të lyer me yndyrë 900g/2lb dhe piqini në një furrë të parangrohur në 180°C/350°F/gaz pikën 4 për rreth 1¼ orë derisa të ngrihet mirë dhe të marrë ngjyrë të artë.

Bukë me arra dhe sheqer

Jep një bukë 900 g / 2 lb

Për masën:

350 g / 12 oz / 3 gota miell të thjeshtë (të gjitha qëllimet)

15 ml / 1 lugë gjelle pluhur pjekjeje

225 g / 8 oz / 1 filxhan sheqer kafe të butë

5 ml / 1 lugë çaji kripë

1 vezë e rrahur lehtë

50 g / 2 oz / ¼ filxhan sallo (shkurtim perimesh), i shkrirë

375 ml / 13 ml oz / 1½ filxhan qumësht

5 ml / 1 lugë çaji esencë vanilje (ekstrakt)

175 g / 6 oz / 1½ filxhan arra, të copëtuara

Për mbushjen:

15 ml / 1 lugë gjelle miell i thjeshtë (për të gjitha qëllimet)

50 g / 2 oz / ¼ filxhan sheqer kafe të butë

5 ml / 1 lugë çaji kanellë të bluar

15 ml / 1 lugë gjelle gjalpë i shkrirë

Për të bërë brumin, përzieni miellin, pluhurin për pjekje, sheqerin dhe kripën dhe bëni një pus në qendër. Shtoni vezën, gjalpin, qumështin dhe thelbin e vaniljes, më pas shtoni arrat. Hidhni gjysmën e përzierjes në një tepsi të lyer me yndyrë 900g/2lb. Përziejini përbërësit e mbushjes dhe masën e derdhni sipër brumit. Hidhni brumin e mbetur dhe piqini në furrë të parangrohur në 180°C/350°F/gaz pikën 4 për rreth 1¼ orë derisa të ngrihet mirë dhe të marrë ngjyrë të artë.

www.ingramcontent.com/pod-product-compliance
Lightning Source LLC
Chambersburg PA
CBHW071141080526
44587CB00013B/1708